물음표 많은 어린이를 위한
미스터리 차일드 클럽
04 우주

미스터리 차일드 클럽은

어린이의

어린이에 의한

어린이를 위한

호기심만을

다룹니다.

안녕하세요!
저는 '미스터리 차일드 클럽(미차클)'의 운영자입니다.
클럽에서는 저를 모두 '지니'라고 부릅니다.
'지니어스(천재? 우후~)'의 지니이기도 하고, 램프의 요정의
그 지니이기도 하답니다. 제가 좀 바쁘게 살죠? ^^ 게다가 머릿속엔
늘 물음표가 들어차 있어요. '미차클'을 운영하면서 어린이들의
다양한 호기심을 수집하는 것이 제 취미랍니다.
여러분 머릿속에 물음표가 가득할 때 미차클에 와서
제 이름을 불러 주세요. 그리고 미스터리 의뢰 글에
여러분들이 추측하고 상상하는 걸 댓글로 달아 주세요.
아무리 말도 안 되는 댓글이어도 미차클의 운영에 방해만 안 된다면
우리는 모든 의견을 존중한답니다. 그런 의견들을 서로 나누며
추리해 내는 것이 우리의 놀이나 다름없죠.
우리 어린이들이 알아야 하는 미차클의 상식은 그렇게 탄생합니다!
자! 미스터리 차일드 클럽에 온 걸 환영해요!
이곳에 온 이상 여러분은 나처럼 늘 물음표를 머릿속에 떠올리고 있어야
합니다. 물음표가 많은 사람은 결국 많은 답을 찾아내기 마련이에요.

"모든 의심은 정당하고,
그중 합리적인 질문은 세상을 변화시킨다!"

잊지 말기를!

추천사

우주만큼 사랑하는 어린이 여러분!

감수자 신성찬(서울선린초등학교 교사)

우리가 지금 보는 별빛은 모두 과거의 별빛이에요. 이게 무슨 말일까요? 미래를 꿈꾸며 살아갈 어린이들에게 알쏭달쏭하게 들리겠지요. 태양에서 출발한 빛이 지구에 와 닿기까지 약 8분이 걸린다고 해요. 우리가 지금 보고 있는 태양은 사실 8분 전 과거의 모습인 것이지요. 밤하늘의 별들도 마찬가지로 과거의 빛들만을 보여줍니다. 흥미로운 사실이죠!

과학 시간에 태양계와 별의 모습을 공부하면서 학생들에게 제임스 웹 우주 망원경이 촬영한 '창조의 기둥' 성운(오른쪽 사진)을 보여 준 적이 있어요. 우주에 빼곡하게 들어찬 별을 보자마자 아이들 모두가 "우와~ 멋지다!" 환호했어요. 그리고는 우주에 대한 상상을 펼치며 옥신각신했답니다.

> 우주에 저 많은 별이 있다면 외계인도 분명 있을 거야!

> 외계인은 그냥 지어낸 얘기라고. 증거가 없잖아!

> 저 별들은 도대체 어떻게 탄생했을까? 별을 만드는 공장이라도 있나?

> 성운 이름이 '창조의 기둥'이니까, 공장 말고 기둥에서 태어났겠지!

©NASA, ESA, CSA, STScI, Joseph DePasquale(STScI), Anton M. Koekemoer(STScI), Alyssa Pagan(STScI).

나중에 돈 많이 벌면 달에 있는 바다에서 튜브 타고 물놀이나 해야겠다.

야! 달에 물이 없는데 무슨 물놀이야.

학생들의 대화가 엉뚱해 보이지만, 과학자들도 같은 질문을 풀기 위해 노력하고 있답니다. 우주 어딘가에 또 다른 생명체가 살고 있을지, 선생님도 문득 궁금해지네요.

달을 보며 떡방아 찧는 토끼를 상상했던 인류는 이제 달에 직접 발을 디디게 되었고, 나아가 우주여행까지 가능하게 되었습니다. 어린이 여러분이 어른이 된 어느 날에는 화성에 이주하는 일도 생기지 않을까?

지금 바로 《미스터리 차일드 클럽 - 04 우주》편을 들고 우주에 대한 호기심을 펼쳐 보세요. 여러분의 꿈은 상상하는 만큼, 호기심의 크기만큼 현실로 이루어질 테니까요!

미차클에 오신 것을 환영합니다 . 4
추천사_ 우주만큼 사랑하는 어린이 여러분! . 6

우주가 하나의 점이었다고요? . 12
보너스 상식 우주만큼 사랑한다는 말! . 17

우주 망원경은 우주 어디까지 보여요? . 18
보너스 상식 제임스 웹 우주 망원경에 밀려난 허블 . 23

행성은 뭐고 항성은 뭐예요? . 24
보너스 상식 추억의 핼리혜성이 또 찾아온다고?! . 29

밤하늘에 은빛 강이 흐른다고요? . 30
보너스 상식 '푸른 하늘 은하수'라고? . 35

지구와 소행성이 충돌하면 어떤 일이 벌어져요? . 36
보너스 상식 우주 재난 영화들?! . 41

외계인이 정말로 있을까요? . 42
보너스 상식 로스웰에 추락한 유에프오?! . 47

길을 찾게 해 주는 별이 있다고요? . 48
보너스 상식 별자리 이야기 . 53

별똥별의 정체는 도대체 뭘까요? . 54
보너스 상식 지구에 떨어진 별별 운석들 . 59

천문대는 왜 그렇게 높은 곳에 있어요? . 60
보너스 상식 우리는 과거의 별빛을 본다?! . 65

별도 늙고 죽는다는데, 사실인가요? . 66
보너스 상식 블랙홀과 스티븐 호킹 . 71

태양계 가족들을 소개해 주세요! . 72
보너스 상식 태양계에서 쫓겨난 명왕성?! . 77

태양에 있는 까만 점이 뭐예요? . 78
보너스 상식 태양풍과 전자기기와 오로라?! . 83

화성으로 이사를 갈 수 있다고요? . 84
보너스 상식 금성으로 이사를 간다면? . 89

지구가 빙빙 도는데 왜 안 어지러워요? . 90
보너스 상식 지구는 평평하지 않고 둥글다! . 95

지구에 어떻게 생명체가 살게 됐어요? . 96
보너스 상식 지구의 자기장이 사라진다면?! . 101

달은 왜 날마다 모양이 변해요? ... 102
보너스 상식 달 모양에 따른 음력 달력! ... 107

달이 태양을 가릴 때가 있다고요? ... 108
보너스 상식 달은 어떻게 탄생했을까? ... 113

거대한 로켓은 어떻게 우주로 날아가요? ... 114
보너스 상식 우주 엘리베이터는 개발 중! ... 119

국제 우주 정거장에선 뭘 해요? ... 120
보너스 상식 새로운 우주 정거장 '루나 게이트웨이' ... 125

행성 탐사는 어떻게 하나요? ... 126
보너스 상식 화성 탐사 로봇들! ... 131

나로 우주 센터에선 무슨 일을 해요? ... 132
보너스 상식 세계의 우주 기지 ... 137

나사(NASA)는 도대체 뭐 하는 곳이에요? ... 138
보너스 상식 우리나라엔 '카리(KARI)'가 있다! ... 143

우주 관광을 떠난다고요? ... 144
보너스 상식 스타워즈: 우주 기업들의 전쟁 ... 149

우주에서 우주복을 꼭 입어야 해요? ... 150
보너스 상식 우주복은 누가 만들까? ... 155

우주인들은 정말 서서 잠을 자나요? . 156
보너스 상식 우주선에서 김치도 먹는다고?! . 161

우주인들은 어떤 훈련을 받아요? . 162
보너스 상식 우주에선 키가 더 커진다고?! . 167

최초의 우주인은 누구예요? . 168
보너스 상식 우리나라 최초의 우주인은 누구? . 173

달에 첫 발자국을 남긴 사람은 누구예요? . 174
보너스 상식 달 탐사는 계속된다! . 179

인공위성이 하는 일은 뭐예요? . 180
보너스 상식 우리별, 무궁화, 아리랑, 천리안?! . 185

우주에 쓰레기가 넘쳐 난다고요? . 186
보너스 상식 우주 쓰레기 청소 위성?! . 191

미스터리 의뢰자

점순이 님

제 입술 위에는 작은 점이 있어요. 엄마한테 이 점 때문에 얼굴이 못생겨 보인다고 했더니 엄마가 그건 복점이라고 행운을 가져다준다지 뭐예요. 그러면서 "이 넓은 우주도 보잘 것 없는 작은 점에서 시작된 거 아니?"라고 말씀하셨어요. "에엥? 엄마! 거짓말쟁이!"라고 대꾸하며 저는 입을 삐죽였죠. 엄마는 알 수 없는 표정으로 그냥 웃기만 하셨답니다. 여러분! 이게 말이 되나요? 우주가 하나의 점이었다니요? 이게 사실이에요?

쇼쇼쇼 님 _ 우주가 점이었다니, 가짜 뉴스치고 이렇게 허무맹랑한 이야기는 처음입니다. **점순이** 님, 우주 같은 건 존재하지 않습니다. 다 컴퓨터로 만든 가짜 영상과 사진들이죠. 이건 몰랐죠? 전 세계인을 속이는 '쇼'라고요!

점순이 님 _ 에엥? 이건 또 무슨 소리? 가짜 영상 만드는 거 진짜로 봤어요?

쇼쇼쇼 님 _ 그럼 **점순이** 님은 우주에 갔다 와 봤어요?

점순이 님 _ 에에엥? 제가 훈련도 안 받고 어떻게 우주에 가요? **쇼쇼쇼** 님, 가짜 뉴스를 너무 많이 본 거 아니에요?

빅뱅은사랑이죠 님 _ 점 맞아요! 아무것도 없는 공간에서 아주 작은 점이 생겨나고, 그 점이 갑자기 엄청난 에너지로 폭발해서 우주가 탄생한 거예요!

점순이 님 _ 흐음, 아직도 믿기 어려운 설명이에요. 그런데 빅뱅이 뭔데 그렇게 사랑하세요?

빅뱅은사랑이죠 님 _ 엄마 때문에 좋아하게 된 예전 아이돌 그룹이에요! '빅뱅'은 "펑!" 하고 크게 폭발하는 걸 말해요. 빅뱅 때문에 우주의 빅뱅도 알게 되었답니다! ^^

점순이 님 _ 우리 엄마한테도 빅뱅 아냐고 물어볼래요. ㅋㅋ

 **꼬마철학자** 님 _ 우주가 점이었다는 말이 처음엔 안 믿겼는데, 가만히 생각해 보니 우리 생명체도 점에서 시작하지 않았을까요? 작은 씨앗에서 나무가 자라는 것처럼 말이죠!

 점순이 님 _ 우왕! 님 좀 짱인 듯! 그렇게 생각하니 이해가 돼요!

 꼬마철학자 님 _ "나는 생각한다. 고로 나는 존재한다."는 말 혹시 아시나요?

 점순이 님 _ 아뇨. ㅠㅠ

 꼬마철학자 님 _ 어흠, 흠흠! 뭐 모를 수 있죠. 아무튼 깊이 생각하는 버릇을 들여야 해요. 그러면 뭐 우주쯤이야 껌이죠~~!

 점순이 님 _ 헐, 잘난 체하니 갑자기 비호감이에요. ㅠㅠ

지니의 미스터리 해결

점순이 님, 입술 위에 복을 불러온다는 복점을 가지셨군요! 저도 자세히 보면 눈 아래에 점이 있답니다. 이 점 때문에 제가 좀 더 치명적인 매력을 가지게 됐죠. 모두들 저를 보면 심하게 빠져들어요. ^^;; 그건 그렇고, 참 신비롭지 않아요? 아주 작은 점이 우주도 탄생시킬 수 있다니 말이죠!

✷ 우주는 아주 넓습니다. 사실 아주 넓다는 표현으로는 부족하지요. 우리가 사는 지구의 공기층은 땅에서부터 하늘로 100킬로미터 정도 올라가면 없어지는데요. 보통 그 지점부터를 우주라고 부릅  니다. 그러면 우주의 끝은 어디일까요? 우주는 지금도 계속 팽창하고 있어요. 그래서 끝없이 펼쳐져 있다고 말할 수 있답니다.

✷ 그래서 **점순이** 님이나 **쇼쇼쇼** 님처럼 우주의 시작이 단지 작은 점이었다란 말을 대부분 믿기 어려워합니다. 작은 점이 한순간 엄청난 폭발을 해 우주로 발전했다는 '빅뱅 이론'도 처음에는 과학자들 사이에서 웃음거리가 되었답니다.

✷ 빅뱅 이론은 1927년 가톨릭 사제이자 천문학자인 '조르주 르메트르'란 사람이 처음 주장했답니다. **빅뱅은 사랑이죠** 님의 말처럼 빅뱅은 대폭발을 뜻해요. 아무것도 없는 공간에서 한 점이 툭 불거져 생기고 그것이 어느 순간 엄청난 에너지를 가지고 폭발해 우주의 기원이 되는 작은 입자들이 탄생했다는 이론이죠.

✽ 빅뱅 이론이 인정받기 시작한 것은 1964년 두 명의 과학자가 우연하게 '우주 배경 복사'를 발견하고부터예요. '복사'란 말은 사방으로 내뿜어지는 열이나 전파를 뜻해요. 그러니까 '우주 배경 복사'는 '우주 공간 가득한 전파'를 말한답니다.

✽ 두 과학자는 우주 배경 복사가 약 137억 년 전 빅뱅 직후에 퍼져 나간 빛이 전파로 잡힌 것이며, 아직도 우주 공간을 가득 채우고 있다고 생각했어요. 우주 배경 복사가 빅뱅의 증거가 된 것이죠. 이후 빅뱅 이론은 과학자들에 의해 우주 탄생을 설명하는 가장 믿음직한 이론으로 인정받기 시작했답니다.

✽ 빅뱅에 의해 탄생한 엄청난 양의 작은 입자들은 물질을 이루는 원자를 만들어 내고, 원자는 항성(태양처럼 스스로 빛나는 별)을 만들어 내고, 급기야 은하를 만들고, 현재의 우주를 이루게 된답니다.

✽ 깊이 생각해 보니 **꼬마철학자** 님의 말도 이해가 갑니다. 우리의 몸은 작은 우주라는 말이 있는데, 그 우주도 아주 작은 세포로 이루어져 있고, 세포는 결국 원자로 이루어져 있으니까요. 역시나 참 신비하죠!

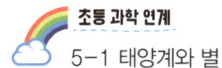

우주만큼 사랑한다는 말!

    여러분이 상상하는 우주를 머릿속에 그려 봐요. 자, 다 그려 봤나요? 제가 장담하지만 우주는 여러분이 그려 본 그 우주보다는 분명히 더 큽니다. 그만큼 크고 넓다는 말이지요. 그래서 사람들은 사랑을 고백할 때 이런 말을 하나 봅니다.

    "우주만큼 너를 사랑해!"

    우주가 얼마나 넓은지 예를 들어 볼까요? 우리가 사는 지구는 태양계에 있고, 태양계는 '우리 은하'에 속해 있습니다. 우주에는 '밝혀 낸 것만 해도' 우리 은하 같은 것들이 1,000억 개가 넘는다고 하네요. 이렇게까지 얘기했는데 아직도 우주의 크기를 잘 모르겠다고요?

    그럼 '광년'이라는 우주의 거리를 재는 단어로 설명해 볼까요? 1광년은 빛이 1년 동안 가는 거리이고, 킬로미터로 표현하면 약 9조 4,600억 킬로미터의 거리예요. 참고로 우리 은하는 지름이 10만 광년이랍니다.

    그러니 누군가 여러분을 우주만큼 사랑한다고 말하면 그 사람에게 "고마워."라고 대답해 보는 것은 어떨까요? ^^* 지니는 여러분을 우주만큼 사랑합니다!

우주 망원경은 우주 어디까지 보여요?

미스터리 의뢰자
천리안 님

안녕하세요, 여러분! 저는 시력이 굉장히 좋답니다. 그냥 슬쩍 땅을 내려다봤을 뿐인데 개미가 하품하는 게 보일 정도죠. 그래서 별명이 천리안이랍니다. 그런데 우주 망원경이라는 게 있다고 들었어요. 우주 망원경으로는 아주 멀고 먼 우주까지 볼 수 있다고 해요. 천리안인 제가 우주 망원경까지 있으면 숨어 있는 유에프오나 외계인도 쉽게 찾아낼 텐데 말이죠. 도대체 우주 망원경은 어디에 있고, 어디까지 보인다는 거죠? 누구 아시는 분??

매의눈 님 _ 아이고! 반갑습니다, **천리안** 님! 저도 개미가 코딱지 파는 장면을 본 적이 있답니다. 개미 코딱지가 보이냐고요? 너무 잘 보여서 문제죠. 가끔 못 볼 걸 보거든요. 하하! 그러니 날이 좋으면 우주 쫌이야 망원경 없이도 보이지 않을까요?

천리안 님 _ 저도 구름 없는 맑은 날 밤이면 달에서 떡방아 찧는 토끼 정도는 맨눈으로 보인답니다!

그만쫌쫌 님 _ 두 분 허풍이 참 대~~단하네요! 그만 좀 해요! 쫌쫌! 그런데 매의 눈 시력이 좋다는 건 알겠는데, **천리안** 님 닉네임은 무슨 뜻이에요?

천리안 님 _ 천 리 밖을 볼 수 있다는 뜻이에요. 천 리 밖은 아마 서울에서 부산까지 거리 정도는 될걸요! 대박! 나 너무 대단한 거 아니야??

놀란토끼눈 님 _ **천리안** 님, 우주가 얼마나 넓은지 잘 모르시나 봐요. 사람의 맨눈으로 달에 있는 토끼를 어떻게 보나요? 그리고 달에 토끼라니요! 사람이 달에 갔다 온 지가 언젠데 아직도 토끼 타령을 하다니, 쯧쯧!

천리안 님 _ 왜요? 울 엄마가 달나라엔 토끼가 방아 찧고 있다고 분명히 그랬단 말이에요!

놀란토끼눈 님 _ 그건 그냥 달에 생긴 그림자를 보고 옛날 사람들이 지어낸 얘기라고요. 달에는 생명체가 살지 않아요! 아우, 나 또 눈 충혈되네!

천리안 님 _ 저, 정말요? 사실…… 저 안경 써요. ㅠㅠ 관심받고 싶었어요. 미안해용!

킹오브킹 님 _ 우주 망원경이야말로 망원경 중의 망원경이죠! 왕 중의 왕! 킹 오브 킹! '허블 우주 망원경'에 대해 알려 줄게요. 버스 크기만 한 우주 망원경이 지구를 돌며 높은 해상도로 사진을 찍고 있는데, 100억 광년보다 더 멀리 떨어진 별을 발견했대요!

천리안 님 _ 허, 허블이요? 허브가 아니고? 아무튼, 그런데, 그러니까 해상도는 뭐예요?

킹오브킹 님 _ 해상도는 이미지를 이루는 작은 점들의 개수를 말하는데, 높은 해상도일수록 사진이나 영상이 자세하고 뚜렷해 보여요.

매의눈 님 _ 아! 고해상도는 사진이 아주 선명한 거고, 저해상도는 사진이 흐릿한 거고! 맞죠? 사실 저도 안경 써요. 미안해용! 내 눈은 저해상도~~! 히잉~~!

지니의 미스터리 해결

천리안 님, 시력이 별로 안 좋은가 봐요. 사실 저도 두꺼운 돋보기안경을 꼈는데 제 잘생긴 얼굴이 안경에 가려지는 게 싫어서 지금은 렌즈를 착용하지요! 하하하!!

✽ 망원경은 렌즈나 거울 등을 이용해 멀리 있는 물체를 크고 자세히 볼 수 있게 만든 도구입니다. 그중 천체 망원경은 우주에 있  는 모든 물체를 관찰하는 데 사용하지요. 하지만 천체 망원경은 흐린 날이나 눈비가 오는 날에는 소용이 없답니다. 지구 날씨에 영향을 많이 받으니까요.

✽ 그래서 과학자들은 날씨 영향을 받지 않도록 망원경을 아예 우주로 내보내면 어떨까 고민했답니다. 그래서 탄생한 우주 망원경이 '허블'이에요. 미국의 천문학자 에드윈 허블이란 사람의 이름을 땄지요. 천문학자는 우주의 모든 것을 연구하는 사람인데, 허블은 우주가 팽창하고 있다는 걸 발견해 천문학계에 큰 업적을 남겼답니다.

✽ 허블 우주 망원경은 1990년 4월 24일에 우주 왕복선 디스커버리호에 실려 610킬로미터 우주 상공에 띄워졌어요. 그곳에서 지구를 돌며 우주의 여러 모습을 사진으로 찍어 지구로 전송해 왔답니다.

✽ 허블 우주 망원경이 30년 넘게 찍어 보낸 천체 사진은 무려 150만 장이 넘어요. 허블이 찍은 사진 중 약 2,100광년 떨어진 '나비 성운'과 약 1,500광년 떨어진 '말머리 성운'이 유명하답니다. 그렇다면 **천리안** 님의 미스터리 의뢰에 답을 해 볼까요? 허블은 우주 어디까지 볼 수 있을까요? 바로 **킹오브킹** 님이 말한 것처럼 무려 129억 광년 거리에 있는 별까지 봤답니다.

✽ 허블이 찍은 사진 중 가장 유명한 사진은 아마도 '허블 울트라 딥 필드'라는 사진일 거예요. 깜깜한 우주에 아주 작은 점들이 있는 사진인데, 모양과 색이 다채로운 이 작은 점들은 무려 약 1만 개의 은하들이랍니다. 우주가 얼마나 넓은지 이제 이해가 되나요?

✽ 이 사진은 어떤 천체가 아닌, 아무것도 없는 공간을 찍어 보자는 아이디어에서 출발해 결국 생각지도 못한 놀라운 결과를 안겨 주었습니다. 바로 우주의 역사가 137억 년 정도 되었음을 알게 했고, 초기의 은하들이 어떻게 만들어지고 어떻게 늙어 가는지를 이해하는 데 아주 중요한 단서가 되었답니다.

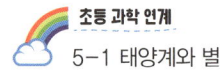

제임스 웹 우주 망원경에 밀려난 허블

　30년이 넘도록 인류를 위해 중요한 일을 해 온 허블 우주 망원경도 처음에는 초보 신입사원처럼 일을 했다면 믿겨지나요? 허블이 최초로 보내 온 사진은 초점이 잘 안 맞아 흐릿했답니다. 거울(반사경)을 깎을 때 생긴 아주 미세한 차이(1.3밀리미터 오차) 때문에 그랬다는군요. 우주 비행사들이 출동해 10일 동안 허블을 고쳤고, 이후 몇 차례 더 수리를 해 짐작한 것보다 더 오래 임무를 수행할 수 있었답니다.

　그런 허블 우주 망원경에 얼마 전 도킹(우주선, 우주 정거장 등과 합체하는 일) 장치가 부착됐어요. 임무를 마치고 지구로 돌아오기로 약속되어 있거든요. 대신 2021년 12월 25일에 허블의 뒤를 이을 '제임스 웹 우주 망원경'이 발사되었답니다.

　'제임스 웹'이라는 이름은 나사(NASA, 미국 항공 우주국)의 2대 국장인 제임스 에드윈 웹의 이름을 따서 지었어요. 그는 인류 최초의 달 착륙 프로젝트를 위해 몸과 마음을 바쳐 애쓴 사람이랍니다. 현재 제임스 웹 우주 망원경은 허블보다 더 높은 해상도로 깊이 숨어 있는 천체들까지 선명하게 사진을 찍어 지구로 보내오고 있어요. 혜성처럼 나타난 신참 제임스의 활약이 앞으로 더욱 기대되는군요!

행성은 뭐고 항성은 뭐예요?

있기없기 님

별에 관한 영상을 봤는데요. 태양은 항성이라 하고, 지구나 화성은 행성이라 하던데요. 밤하늘에 반짝이는 건 다 같은 별 아니었나요? 겨우 작대기 하나 차이 가지고 이렇게 따로 부르기 있기~? 없기~? 잘 보세요. '항성'에 모음 'ㅣ'만 더하면 '행성'이 되잖아요! 게다가 위성, 혜성, 유성 등 별을 부르는 이름이 가지각색이어서 너무 복잡해요. 그냥 다 '별'이라고 부르면 안 돼요? 도대체 행성은 뭐고 항성은 뭐예요?

미스터리한 댓글 쓰기

님남빅차이 님 _ 그런데 글자의 획 하나가 아주 큰 차이던데요! '님'이라는 글자에 점 하나만 찍으면 도로 '남'이 된다고 우리 할머니가 만날 부르는 노래가 있어요. 님은 사랑하는 사람이고 남은 그야말로 별 관계 아니니까, 아주 큰 차이잖아요?

있기없기 님 _ 엇! 우리 할아버지가 그 노래 부르는 거 들어봤어요. 받침 하나 바꾸면 '돈'이 '돌'이 된다고 하던데요? ㅋㅋ 듣고 보니 항성과 행성도 아주 큰 차이가 있나 봐요.

찬물끼얹기 님 _ 천문학적 지식을 논하는 자리에서 이게 무슨 찬물을 끼얹는 유행가 가사입니까? 밤하늘의 반짝이는 천체를 흔히 그냥 별이라 부르지만, 천문학에서는 정확히 항성, 행성 등으로 이름을 구분해 불러야 합니다.

낭만실종 님 _ 우리는 밤하늘의 별을 보며 꿈을 키워 오지 않았나요? ㅠㅠ 우리들의 낭만은 다 어디 간 건가요? 이제부터 밤하늘의 별을 셀 때 별 하나, 별 둘이 아니라 항성 하나, 행성 둘 뭐 이래야 하는 건가요? 흐흑! 너무해요!

찬물끼얹기 님 _ 님 같은 분들 때문에 우리 천문학의 발전이 더딘 것입니다. 여기 찬물 한 바가지 추가요! 천문학에서 별은 스스로 빛을 내는 아주 높은 온도의 항성만을 이야기합니다!

있기없기 님 _ 낭만에 대해 한 번만 더 말했다가는 우리가 천문학이 뭔지도 모르는 사람들이라고 하겠네요! (천문학이 뭔지 쪽지 주실 분~!)

우주평화 님 _ 워워~~ 이러다 싸움 나겠어요. 표현이 좀 지나쳐서 그렇지, **찬물끼얹기** 님의 말이 틀리진 않아요. 우주를 연구하는 과학자들은 우주에 있는 모든 물체들을 특징에 따라 세밀히 나누거든요.

알아몰라 님 _ 별을 별로만 바라봤을 때보다 항성, 행성, 위성, 혜성 등의 특징을 알고 구분할 줄 알면 우주가 더 재미나다는 사실! 알아~? 몰라~? 항성과 달리 행성은 스스로 빛을 못 내요. 또 행성과 혜성은 항성 주위를 돌고, 달과 같은 위성은 행성 주위를 돌지요. 참 많이 다르죠?

있기없기 님 _ 아, 그래서 스스로 빛을 내는 뜨거운 태양은 항성이고, 스스로 빛은 못 내지만 태양 주위를 도는 지구나 화성은 행성이라고 부르는군요! 뭐, 알고 보니 별로 복잡하지도 않네요! 괜히 겁먹었어! (그런데 천문학이 뭐냐고요? 쪽지 안 옴. ㅠㅠ)

지니의 미스터리 해결

있기없기 님! 말놀이를 좋아하나 봐요. '말놀이를 히히힝 우는 말이랑 하면 그야말로 말놀이겠네요!' ^^;; 언어의 자음과 모음을 이리저리 바꿔 보거나, 같은 음으로 된 다른 뜻의 단어들로 문장을 만들어 즐기는 일도 모두 말놀이(언어유희)랍니다. 자, 그럼 획 하나 차이인 행성과 항성뿐만 아니라, 보통 우리가 별이라고 부르는 것들에 대해 알아봅시다!

※ 천문학은 간단히 말하면 우주에 대한 모든 것을 연구하는 학문이에요. 우주에 있는 모든 물체를 '천체'라고 하는데, **있기없기** 님이 궁금해한 항성과 행성뿐만 아니라 은하, 먼지와 가스, 눈에 보이지는 않는 우주 공간의 물질까지도 연구합니다. 또한 우주가 어떻게 탄생하고 앞으로 어떻게 변화해 갈지도 연구하죠.

※ **찬물끼얹기** 님의 말처럼, 천문학에서 말하는 '별'은 '항성'을 뜻합니다. 우리가 아는 대표적인 항성이 태양이죠. 태양은 중심부 온도가 약 1,500만 도, 표면이 약 6,000도나 되는 아주 높은 온도의 천체입니다. 그래서 태양에선 엄청난 열과 빛이 쏟아져 나오죠. 항성은 태양처럼 뜨거우며 스스로 빛을 냅니다.

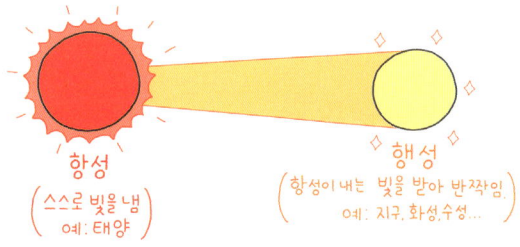

※ 하지만 행성은 스스로 빛을 내지 못해요. 대신 주변 항성이 내뿜는 빛을 받아 반짝이는 것처럼 보이죠. 또한 행성은 항성 주위를 돌고 있답니다(공전). 우리가 살고 있는 지구가 바로 '행성'입니다.

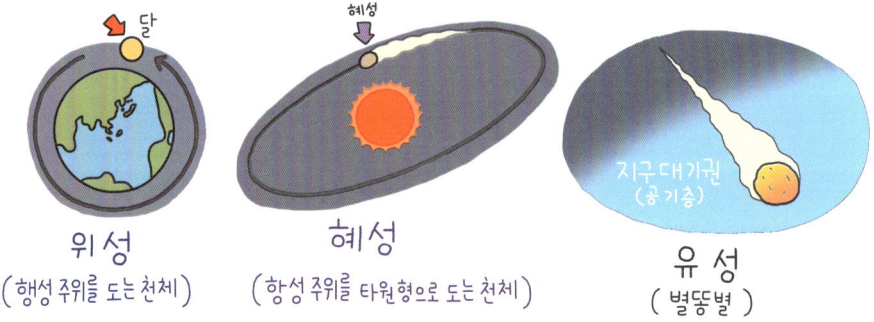

위성
(행성 주위를 도는 천체)

혜성
(항성 주위를 타원형으로 도는 천체)

유성
(별똥별)

✽ 우리가 일상생활에서 별이라고 부르는 또 다른 천체들이 있습니다. 위성, 혜성, 유성 등인데요. 과연 어떤 차이가 있을까요? 위성은 행성 주위를 도는 천체를 말합니다. 행성 지구에는 아주 친근한 위성인 달이 있고, 토성에는 타이탄이라는 위성이 있어요.

✽ 혜성은 대부분 타원 모양으로 항성 주위를 돕니다. 태양과 멀리 있을 때 혜성은 꽁꽁 언 먼지와 암석 조각 등으로 이루어져 있어요. 그러다가 태양과 가까워질수록 표면이 녹으며 수증기, 가스, 먼지 등이 태양과 반대편으로 떠밀려서 긴 꼬리가 생긴답니다.

✽ 유성은 우주를 떠돌던 암석이나 먼지 덩어리들이 지구 대기권(공기층)으로 들어오면서 마찰열 때문에 빛을 내는 물체를 말합니다. 공기와 부딪히며 열을 내기 때문에 다 타 버리기도 하고, 다 타지 않으면 땅에 떨어져 흔적을 남기는데 이것은 '운석'이라고 부른답니다.

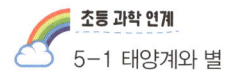

초등 과학 연계
5-1 태양계와 별

추억의 핼리혜성이 또 찾아온다고?!

　미차클 여러분, 우리는 딱 한 번뿐인 인생을 살죠. 그런 인생에서 딱 한 번뿐인 경험을 하게 되는 경우가 있어요. 지구에서 혜성을 보는 것도 그런 경험에 속한답니다.

　혜성들 중 가장 많이 알려진 것은 핼리혜성이에요. 태양 주위를 한 번 도는 데 약 76년이 걸리는데 다른 행성들에 비해 비교적 짧게 걸리는 거랍니다. 핼리 혜성이 태양에 가까이 오면 지구에서도 밝게 빛나는 혜성을 맨눈으로 볼 수 있대요.

　가장 최근 그런 경험을 안겨 준 해가 1986년도였어요. 지금 40세가 넘은 어른들은 아마 이때의 핼리혜성에 대한 추억이 있을 거예요. 혹시 여러분도 보고 싶나요? 걱정 마세요! 핼리혜성은 76년에 한 번 우리 곁으로 돌아오니까요.

　아마도 미차클의 어린이 여러분은 2062년에 의젓한 어른이 되어 여러분이 낳은 아이와 핼리혜성을 감상하고 있을지도 모르겠네요!

밤하늘에 은빛 강이 흐른다고요?

미스터리 의뢰자
꼬마캠핑족 님

아빠랑 저는 캠핑을 정말 좋아해요! 텐트 치기, 곤충 채집, 고기 굽기, 밤하늘의 별 구경이 너무 재밌기 때문이죠. 지난번 캠핑 때는 아주 맑은 날씨여서 밤하늘에 별이 가득했어요. 마치 보석을 흩뿌려 놓은 것처럼 보이는 곳도 있었어요. "아빠, 저긴 왜 저렇게 별들이 모여 있어요?"라고 물었더니, 아빠는 "은하수야! 밤하늘에 은빛 강이 흐르는 거란다."라고 했어요. 밤하늘에 강이 흐른다니, 우리 아빠 말이 사실인가요?

 캠핑극혐 님 _ 바보냐? 캠핑이 좋다고? 으악, 생각만 해도 귀찮아!

 꼬마캠핑족 님 _ 뭡니까? 왜 다짜고짜 반말이에요? 캠핑을 싫어할 수도 있지만 좋아할 수도 있다고요. 취미는 사람마다 다르니까요!

 캠핑극혐 님 _ 쳇! 뭘 그렇게 발끈하고 그래? 너도 반말 쓰면 되잖아! 그리고 넌 은하수가 보인다고 거짓말도 했잖아! 내가 사는 곳에선 하나도 안 보이는데!

*** 캠핑극혐 님! 반말 사용으로 글쓰기 권한을 박탈당하셨습니다! ***

 우물안개구리 님 _ 밤하늘에 보석을 뿌려 놓은 것 같다고요? 캠핑극혐 님이 반말한 건 잘못이지만 우리 집에서도 그런 건 전혀 안 보이던데요.

 꼬마캠핑족 님 _ 제 말은 캠핑장에서 보였다는 말이에요. 우리 집에서도 강인지 별인지는 아무튼 안 보여요. 하지만 도시랑 멀리 떨어진 캠핑장 같은 곳에선 진짜 잘 보인다고요. 우물안개구리 님, 우물 밖으로 나와야 보이는 것도 있어요!

 우물안개구리 님 _ 그런가요? 사실 이불 밖은 위험해서 잘 안 나가요. 이번 주엔 저도 부모님 졸라서 은하수를 찾으러 밖으로 나가 볼게요. ^^;

별별집단 님 _ 그거 별 맞아요! 은하수는 한자어인데 풀이하면 '은빛 강물' 정도 돼요. 아빠께서 그걸 말씀하셨나 봐요. 별들이 강물처럼 반짝이며 흐르는 걸 비유한 거예요. 지구에서 보이는 은하는 '우리 은하'고요.

꼬마캠핑족 님 _ 그럼 별들이 모여 있는 게 맞는 거네요. 하마터면 아빠 말 때문에 헷갈릴 뻔했어요. 전 아빠 말이면 다 믿거든요! 그런데 '우리 은하'가 뭐예요?

별별집단 님 _ 우리 지구가 태양계에 속한 행성이란 건 알죠? 그 태양계가 속한 은하이기 때문에 '우리 은하'라고 불러요. 우리 은하 안에 태양 같은 항성이 5,000억 개가 넘게 있대요.

안드로메다 님 _ 삐리리리 뽀숑빠샹! 지구인은 들어라! 아니 들어요! 은하 중에 최고는 안드로메다 은하다! 아니 은하입니다! 뭐 나는 그렇게 생각한다! 아니 생각합니다! 삐로로로 빵샹뽕숑!

꼬마캠핑족 님 _ ㄱㅋ 외계인 흉내 내는 거예요? 그럼 나도! 뿌루루 크랑크랑 빠라라 코롱코롱! 은하 중에 최고는 태양계가 속해 있는 '우리 은하'라는 말이에요!

지니의 미스터리 해결

꼬마캠핑족 님, 은하수를 봤다니 행운이네요! 요즘은 도시의 불빛 때문에 밤하늘에 별 보기가 어렵거든요. 미세먼지가 있거나 흐린 날씨엔 더 안 보이고요. 저도 어렸을 때 외갓집이 있는 시골에서 은하수를 본 적이 있어요. 말로 표현할 수 없이 너무나 아름다웠죠!

＊ 밤하늘에 빼곡히 모여 있는 별들의 무리가 '은하'입니다. **꼬마캠핑족** 님의 말처럼 마치 보석이 흩뿌려진 길이나 우유가 흐르는 길(밀키웨이), 은빛 강물(은하수), 용이 사는 개울(미리내)처럼 보여서 세계 곳곳에서 여러 이름으로 불러 왔죠.

＊ 우리 눈에 보이는 은하는 **별별집단** 님의 말처럼 '우리 은하'가 맞습니다. 우리 은하를 단순하게 보자면 가운데가 볼록한 계란프라이나 원반처럼 생겼습니다. 태양계는 우리 은하의 중심부와 가장자리의 중간쯤에 위치해 있기 때문에 지구 어디에서건 원반처럼 생긴 우리 은하의 옆모습을 볼 수 있지요.

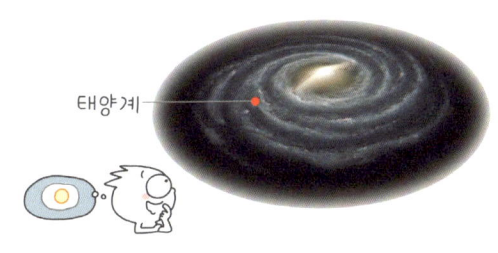
태양계

＊ 처음에 과학자들은 우리 은하가 우주의 전부라고 생각했답니다. 하지만 곧 우리 은하의 바깥에 더 많은 은하들이 존재한다는 것을 알게 됐어요. 그리고 은하들의 형태가 대체로 중심부가 불룩한 럭비공처럼 생긴 '타원 은하'와 납작한 원반 모양의 중심부에서 나선 팔이 소용돌이치며 나오는 '나선 은하'로 나뉜다는 것을 알았습니다.

＊ 우리 은하는 나선 은하 중에서도 중심부가 막대 모양이고 그 양끝에서 나선 팔이 펼쳐 나오는 '막대 나선 은하'입니다. 이 모든 것은 우주 망원경이 실제로 촬영한 것은 아니고, 여러 다른 은하들의 정보를 밑바탕으로 상상해 낸 결과입니다.

＊ 우리에게는 허블과 제임스 등 최첨단 우주 망원경이 있는데 왜 우리 은하 사진을 못 찍을까요? 그것은 은하 전체를 사진에 담지 못하기 때문입니다. 우주 망원경이 나가 있는 곳은 기껏해야 태양계 안이니까요. **우물안개구리** 님처럼 우물 안을 벗어나야 우물의 겉모습이 어떻게 생겼는지 알 수 있는데, 우리 은하는 끝에서 끝까지 10만 광년이 걸린다고 하니, 그 우물을 벗어나기란 참 어려워 보입니다.

＊ **캠핑극혐** 님, 인터넷에서도 서로 지켜야 할 예의라는 것이 있습니다. 존댓말을 사용해 주시고 남의 의견을 무시하지 말아 주세요.

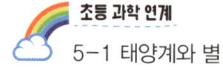

'푸른 하늘 은하수'라고?

여러분, 혹시 〈반달〉이라는 동요 아나요? 1924년, 윤극영 선생님이 어린이들을 위해 만든 노래랍니다. 〈반달〉의 노랫말을 살펴볼까요?

"푸른 하늘 은하수 하얀 쪽배엔 / 계수나무 한 나무 토끼 한 마리 / 돛대도 아니 달고 삿대도 없이 / 가기도 잘도 간다 서쪽 나라로 / 은하수를 건너서 구름 나라로 / 구름 나라 지나선 어디로 가나 / 멀리서 반짝반짝 비치이는 건 / 샛별이 등대란다 길을 찾아라"

여기서 이상한 점 없나요? 바로 '푸른 하늘 은하수'란 표현이요. 은하수는 밤하늘에만 보이는 거 아닌가요? 하지만 별들은 우리 사는 곳이 낮이건 밤이건 언제나 우주 곳곳에서 반짝이고 있어요. 낮에는 태양 빛이 너무 밝아 보이지 않을 뿐이랍니다. 노래에서 '하얀 쪽배'는 '반달'을 뜻하는데, 윤극영 선생님은 낮에 뜬 낮달을 보고 이 노래를 만들었대요. 태양 빛이 약할 때는 가끔 낮에도 달이 보이거든요.

일본에 의해 강제로 나라를 빼앗긴 시절, 선생님은 이 노래를 통해 우리 어린이들에게 꿈과 희망을 주고 싶으셨대요. 〈반달〉의 노랫말 중 특히 '샛별이 등대란다 길을 찾아라'라는 부분이 감동적이에요. '샛별'은 저녁 무렵 서쪽 하늘에서 가장 반짝이는 '금성'을 뜻하기도 하고, 어둠을 물리치는 '새벽별'이기도 해요. 또 가능성이 무한한 우리 어린이들을 샛별이라 부르기도 하니까 희망을 주기에 충분한 노랫말이죠!

지구와 쾅 소행성이 충돌하면 어떤 일이 벌어져요?

미스터리 의뢰자
지구방위대 님

여러분, 공룡이 멸종한 이유 다 아시죠? 여러 학설들이 있었지만 소행성의 지구 충돌설이 공룡 멸종의 이유로 거의 확실시되고 있대요. 그때처럼 소행성이 지구와 또 충돌한다면 이번엔 인간이 한꺼번에 멸종하는 건 아닌지 자꾸 무서운 생각이 들어요. 혹시 어른들은 이런 걸 대비해 지구 방위대 같은 것도 만들어 놓았을까요? 없다면 용감한 어린이들을 모아 제가 만들려고요! 지구와 소행성이 충돌하면 도대체 어떤 일이 벌이지는 걸까요?

공룡방귀 님 _ 헉, 정말인가요? 저는 지금까지 공룡이 방귀를 많이 뀌어서 가스에 질식해 멸종한 줄로만 알고 있었어요. 공룡 방귀 메탄가스설이라고 못 들어봤어요?

지구방위대 님 _ 들어는 봤지만, 이걸 믿는 사람이 있다니 그게 더 놀라워요!

공룡방귀 님 _ 살면서 소행성에 맞아 죽을 확률과 독가스에 질식해 죽을 확률 중 어느 게 더 높을까요? (아까부터 무슨 냄새가……. 윽, 어지러워! @.@)

지구방위대 님 _ 헐, 10년 전쯤에도 러시아에 소행성이 떨어져 많은 사람들이 다쳤다고요! (이분, 자기 방귀에 중독된 거 아님??)

어린왕자 님 _ 제가 살던 소행성 B612호는 바오바브나무와 장미, 집 한 채 정도가 있는 크기지만 지구에 떨어진다면 꽤 충격이 클 거예요. 사람들이 다치고, 건물이 파괴되고, 땅이 패일 게 분명해요.

지구방위대 님 _ **어린왕자** 님도 '미스터리 차일드 클럽' 회원이에요?

어린왕자 님 _ 저도 어린이니까요. 어린 왕자……. ^^;; 아무튼 과학자들이 지구에 위협적인 소행성을 계속 지켜보는 중이라고 들었어요.

지구방위대 님 _ 오! 그 과학자들과 연락을 해 봐야겠어요! 지구 방위대가 힘껏 도울 거예요!

팩트폭격 님 _ 아이고, 지구 방위대는 이미 있다고요! ㅋㅋㅋ 님이 한 발 늦었답니다!

지구방위대 님 _ 저, 정말요? ㅠㅠ 혹시 누가 만들었어요? 누가 저 말고 이렇게 훌륭한 생각을 해낸 거죠?

팩트폭격 님 _ '나사'요! 드라이버로 돌려 박는 그 나사 말고요! ㅋㅋㅋ 미국의 나사가 세계의 과학자들과 협력해 만들었대요. 그 이름도 찬란하게 '지구 방위 총괄국'이랍니다!

지구방위대 님 _ 저 나사 알거든요! 'NASA, 미국 항공 우주국'이잖아요! 쳇! 혼자 잘난 척하시기는! 그런데 지구 방위 총괄국이라니, 지구 방위대랑 이름도 비슷해! 아앙, 산산이 부서진 내 꿈이여! ㅠㅠ

지니의 미스터리 해결

지구방위대 님, 한 발 늦었다고 너무 실망 마세요. 어린이의 몸으로 지구를 구하겠다고 나선 것만으로도 아주 훌륭하니까요. ^^ 게다가 소행성 충돌을 알고 있다니, 똑똑하네요! 하지만 지구 방위의 임무는 우선 어른들에게 맡겨 주십시오!

✻ 소행성은 태양 주위를 도는 천체 중 행성보다 작은 천체를 말합니다. 주로 화성과 목성 사이에 많이 있어요. 크기와 모양은 제각각입니다. 지름이 수백 킬로미터에 이르는 것부터 10미터 이하인 아주 작은 것들까지 있고, 모양도 둥근 공처럼 생긴 것들부터 울퉁불퉁하고 길쭉한 것까지 아주 다양합니다.

✻ 과학자들은 이런 소행성들을 자세히 관찰해 오고 있어요. **지구방위대**님의 말처럼, 예전부터 논란이 되어 왔던 공룡 멸종의 원인 중 소행성의 지구 충돌설이 현재는 가장 확실시되고 있답니다. 실제로 지구에 위협적인 크기의 소행성들이 지금도 간간이 지구에 떨어지고 있기도 하죠.

✻ 2013년, 러시아 첼랴빈스크에는 지름 약 17미터, 무게 1만 톤의 소행성이 지구 대기권을 통과하다 폭발해 불타는 유성 비가 되어 떨어졌다고 합니다. 이 사실을 몰랐던 사람들은 미사일 공격을 받은 줄 알았대요. 실제로 약 1,000여 명이 다쳤으며, 건물 수천 채가 파손됐답니다. 이 밖에도 도시 하나를 파괴시킬 만한 소행성들이 다행히 바다로 떨어진 경우도 꽤 많다고 해요.

✱ 현재 지구와 충돌해 피해를 줄 가능성이 있는 소행성은 약 2,300개 정도로 파악됩니다. 그중 지름 1킬로미터 이상의 소행성이 지구와 충돌한다면 지구에는 '미니 빙하기'가 올 수 있다고 하네요. 충돌로 지름 15킬로미터의 구덩이(크레이터)가 생기고, 엄청난 양의 먼지가 발생해 6년 정도 햇빛을 가리게 되면 지구의 평균 온도가 8℃ 떨어질 거라고 합니다.

✱ 그렇게 된다면 인류의 피해는 말할 것도 없고, 생태계가 파괴되어 수많은 생물들이 멸종될 수 있답니다. 하지만 너무 걱정 마세요. **팩트폭격** 님의 말처럼, 미국 항공 우주국(나사)이 세계를 아우르는 '지구 방위 총괄국'을 만들었으니까요. 마치 영화 같지요?

✱ 지구 방위 총괄국은 지구를 위협하는 소행성을 찾아내 자세히 추적, 관찰한다고 합니다. 그리고 최악의 상황을 가정해 소행성을 미리 우주 공간에서 폭파시키거나 궤도를 바꾸는 실험을 한 적이 있는데, 다행히 성공했답니다! 휴우~!

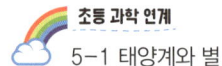

우주 재난 영화들?!

혹시 '아포피스'라는 소행성에 대해서 아시나요? 아포피스는 이집트 신화에 나오는 거대한 뱀인데, 2029년 지구에 아주 가깝게 다가오는 소행성의 이름이기도 합니다. 그래서 과학자들은 미국 엠파이어스테이트 빌딩(지상 102층, 높이 381m)만 한 크기의 이 소행성 때문에 걱정이 많았답니다. 하지만 다행히도 지구를 아슬아슬하게 비껴간다고 예측되었다네요.

이처럼 소행성과 지구 충돌에 관한 이야기들은 손에 땀을 쥐게 하는데요. 실제로도 영화에 많이 등장합니다. 그중 〈아마겟돈〉이란 영화는 텍사스주 크기만 한 소행성이 지구와 충돌할 위기에 처하자, 소행성에 구멍을 뚫어 핵폭탄을 심고 터뜨릴 계획을 실행해 가는 이야기입니다.

〈딥 임팩트〉란 영화는 혜성과의 충돌을 앞두고, 역시나 혜성에 접근해 폭탄을 장착하고 궤도를 바꾸려는 계획을 흥미진진한 상상을 곁들여 만들었답니다.

〈문 폴〉이란 영화는 우리에게 친근한 위성인 달이 충돌해 온다는 설정입니다. 모두 잔뜩 긴장해 보게 되는 우주 재난 영화들이지요.

이렇게 영화의 소재로 자주 등장할 만큼 소행성의 충돌은 과학자들의 관심을 많이 받고 있답니다. 그리고 그에 맞게 대비책도 많이 마련해 놓았고요!

참, 우리나라는 2028년 소행성 아포피스를 탐사하기 위해 무인 우주선을 쏘아 올릴 예정이랍니다!

외계인이 정말로 있을까요?

"정말 있니?"

"깐따삐야~"

미스터리 의뢰자

도우너찾기 님

〈아기공룡 둘리〉라는 만화를 보면 노란 머리에 빨간 코를 한 '도우너'란 외계인이 나와요. 아는 것도 별로 없는데 성격도 괴팍하고, 둘리와 함께 사는 아저씨를 버릇없이 '애완동물'이라고 불러요. 도우너는 '타임 코스모스'라는 걸 타고 둘리와 시간 여행도 하고 우주 탐험도 떠나죠. 저도 이런 능력 많은 외계인 친구가 있으면 좋겠어요! 도우너야, 어디 있니? 나랑 같이 놀자! 그런데 말이죠, 정말로 외계인이 있을까요?

 이 호기심 어떤가요?

 엉뚱해요 귀여워요 놀라워요 어이없어요

미스터리한 댓글 쓰기

별에서온남친 님 _ 어머, 제 남자 친구는 외계인이에요. 500년 전 우리나라에 유에프오가 추락해서 지금까지 이곳에 살고 있대요. 초능력이 있는 건 물론이고 엄청 잘생겼어요! 호호, 부끄! 앗, 비밀로 하라 그랬는데! 여러분, 비밀로 해 주실 거죠?

도우너찾기 님 _ 왠지 우리 엄마가 자주 봤던 드라마 내용 같기도 하고……. ^^; 아무튼 외계인의 존재를 믿으시나 봐요?

별에서온남친 님 _ 어머, 그럼요! 우리 주위에 지구인인 것처럼 변장하고 다니는 외계인들 많답니다. 한번 관찰해 봐요. 앗, 이것도 비밀인데! 부끄!

맨인블랙 님 _ 별에서온남친 님, '레드 썬'을 당해야 정신 차리겠어요? 외계인에 대한 건 특급 비밀입니다! 제 직업은 외계인에 대한 기억과 증거를 없애는 거죠.

도우너찾기 님 _ 외계인 목격자의 기억을 지우고 흔적을 없애는 거군요? 그래서 사람들이 유에프오며 외계 생명체를 보고도 까맣게 잊고 지내는 거네요!

맨인블랙 님 _ 헤헤, 농담이었습니다! 발달된 문명의 외계인이 정말 있었으면 진즉에 지구를 찾아왔을 거예요. 그리고 정말로 외계인이 없으니까 외계인이 있다는 증거가 하나도 안 나왔겠죠!

도우너찾기 님 _ 헐, 진지하게 물어봤는데 농담을 하시다니! 증거가 없다는 이유로 외계인이 없다고 하기에 우주는 너무 넓잖아요. ㅠㅠ

 **보이스피싱** 님 _ 외계인을 찾으세요? 전 금성에 다녀왔습니다. 금성인도 실제로 봤고, 텔레파시로 연락도 주고받았죠. 자, 쪽지로 계좌번호 보낼 테니까 거기로 입금만 해 줘요. 외계인 친구와 펜팔부터 시작해 보시죠!

 도우너찾기 님 _ 정말요? 쪽지 보내셨어요? 얼마 보내면 되는데요?

 **보이스피싱** 님 _ 100만 원이요! 싸죠? 이벤트로 외계인과 사진 찍기도 진행하고 있으니 서두르세요!

*** 보이스피싱 님! 금융 사기 범죄가 의심되어 신고 들어갔습니다! ***

지니의 미스터리 해결

도우너찾기 님, <아기 공룡 둘리>는 1983년에 태어난 우리나라의 사랑스러운 만화 캐릭터인데, 부모님을 통해 알았나 보군요! 공룡, 외계인, 동물이 서울 도봉구 쌍문동 주민들과 함께 여러 모험을 하는 얘기지요! ^^

✱ 외계인은 지구 밖의 천체에 존재하는 지능을 가진 생명체를 말합니다. 사실 우리는 우주에서 지능을 가진 생명체는 말할 것도 없고 여태껏 단순한 생명체조차 찾지 못하고 있답니다. 하지만 지구 곳곳에서 외계인과 유에프오를 봤다는 사람은 꽤 많지요. 어떻게 된 일일까요?

✱ 유에프오는 영어로 'Unidentified Flying Object'로 풀이하자면 '미확인 비행 물체'라는 뜻입니다. 원래 항공 관계자들이 쓰던 말인데, 외계인이 타고 다니는 비행체로 굳어져 사용되고 있지요. 지금까지 사진이나 문서로 남은 유에프오는 거의 조작됐거나 벌레, 드론, 군사 기밀 실험, 기상 현상 등으로 확인되고 있답니다.

✱ 외계인을 봤다는 사람들도 유에프오 목격담처럼 증거를 내놓지 못하고 있습니다. 다만 상상을 곁들인 이야기들로 돈벌이에 이용하기도 하지요. 그렇다고 해서 외계인이 없다고 쉽게 단정 지을 수 있을까요?

✱ 칼 세이건이란 천문학자는 이렇게 말했습니다. "우주에 우리밖에 없다면 엄청난 공간의 낭비다." 천재 물리학자인 스티븐 호킹은 "외계의 지적 생명체들은 존재한다."며 외계 문명이 인류보다 상상 이상의 앞선 기술을 가질 수 있다고 말했습니다.

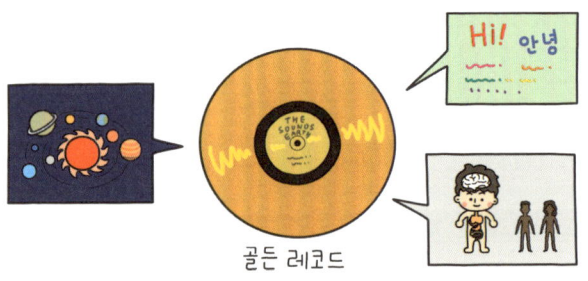

골든 레코드

✱ 어떤 추측을 하기에 앞서, 사람들은 끊임없이 외계인을 찾기 위해 노력하고 있습니다. 1977년 발사되어 지금은 태양계를 벗어난 '보이저 1, 2호'에는 외계에 보내는 메시지가 담긴 '골든 레코드'가 있습니다. 레코드에는 태양계의 구조, 인간 남녀의 모습, 우리말을 포함한 세계 각국의 인사말 녹음 등이 담겨 있답니다.

✱ 또한 외계에서 오는 전파를 탐지하는 여러 프로젝트가 진행되고 있습니다. 우리가 전파를 라디오나 여러 통신 수단에 이용하듯 외계인도 그럴 수 있다고 생각한 것이지요. 외계인이 친구가 될

수 있는지, 또는 적이 될지 하는 생각은 잠시 접어 두고 말이죠. 만나 보기 전에는 모르니까요!

✱ **보이스피싱** 님, 강제 탈퇴되었습니다. 미차클 어린이 여러분, 인터넷이나 전화로 거짓말을 해 돈과 개인정보를 빼내려는 사람들을 조심하세요!

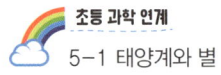

초등 과학 연계
5-1 태양계와 별

로스웰에 추락한 유에프오?!

1947년 7월 초, 미국의 뉴멕시코주 남동부에 있는 로스웰이란 도시 근처에 이상한 물체가 떨어졌습니다. 한 농부가 발견했는데 그동안 본 적이 없는 반짝이는 물질로 만들어져 있었지요. 농부는 보안관과 신문사에 연락했고, 곧 군인들이 들이닥쳐 물체의 잔해를 가져갔습니다. 다음날 군은 기상 관측용 기구가 떨어진 것이라고 결론을 냈고요.

이 사건은 50여 년이 지난 후에 다시 사람들의 관심을 받기 시작했습니다. 과거 로스웰에서 발견된 외계인의 해부 영상을 가지고 있다고 누군가 떠벌렸기 때문이죠. 실제로 영상은 다큐멘터리로 만들어져 많은 사람들을 충격에 빠뜨렸고요.

하지만 2006년 할리우드에서 영화의 특수 효과를 담당하던 존 험프리스라는 사람이 그 외계인은 자신이 만들었으며, 영상을 제작한 사람들이 비밀로 해 달라고 부탁해 침묵을 지키고 있었다고 모두 털어 놓기에 이르렀습니다.

어쨌든 작은 시골 마을이었던 로스웰에는 유에프오 박물관과 기념품 가게가 생겨났고, 해마다 7월에는 유에프오 축제가 열려서 많은 사람들이 찾는 관광지가 되었다는군요! 자, 누구의 말이 진실인지는 모르겠지만, 외계인과 유에프오 미스터리는 언제 들어도 재미있네요! ^^;;

길을 찾게 해 주는 별이 있다고요?

미스터리 의뢰자

후크선장 님

해적들이 바다에서 벌이는 모험은 언제나 흥미진진하죠. 보물섬을 찾아 기나긴 항해를 하며 적들과 칼싸움도 하고 대포도 쏘니까요. 갑판 위에 누워 캄캄한 밤하늘을 수놓은 별들을 바라보는 건 또 얼마나 짜릿하게요! 상상만 해도 가슴이 탁 트입니다. 게다가 해적들은 주로 별을 보고 방향을 잡습니다. 그 모습이 또 그렇게 멋있을 수가 없어요. 그런데 어떻게 별을 보고 길을 찾는 걸까요? 선장이 그런 것도 모르냐고요? 뭐 모를 수도 있죠!

엉뚱해요 궁금해요 신기해요 수상해요

 **실버선장** 님 _ 후크 선장! 오랜만이오! 요즘은 피터팬이랑 사이좋게 지내오? 갈고리 팔이 쑤시진 않고? 아시다시피 나는 한쪽 다리가 의족이지만 여전히 건강하오. 하지만 보물섬은 안타깝게도 아직 못 찾았소. ㅠㅠ

 후크선장 님 _ 아하하! 실버, 반갑소! 여기서 또 다른 해적을 만나다니 신기하군요! 혹시 항해 전문가인 실버 선장도 별을 보고 길을 찾나요?

 실버선장 님 _ 아니, 그걸 아직 모른단 말이오? 에잉! 쯧쯧! 북반구에선 북극성, 남반구에선 남십자성을 찾으면 되잖소!

 후크선장 님 _ 아하하! 부끄럽소! 그런데 수많은 별들 중 그 별들은 어떻게 찾는단 말이죠?

 **인간내비게이션** 님 _ 와우! 저 지금 소설 속 해적 두 분을 만난 건가요? 제가 알려 드릴게요. 북극성은 북두칠성과 카시오페이아자리, 작은곰자리를 찾으면 됩니다.

 후크선장 님 _ 그러니까 그 별자리들은 또 어떻게 찾는 거요?

 **인간내비게이션** 님 _ 해적이 그 유명한 별자리들을 모른다고요? 그동안 어떻게 항해를 해 왔어요?

 후크선장 님 _ 원래 회장님은 운전을 직접 하지 않소만! 우리 배는 일등 항해사가 알아서 잘 부드~럽게 운전하거든! ^^;;

제우스 님 _ 작은곰자리는 왜 찾는 게냐? 내가 헤라 여신을 피해 하늘로 안전하게 올려놓은 내 아들이다!

후크선장 님 _ 에이! 진짜 제우스 신도 아니면서 반말은 너무 한 거 아닙니까? 그런데 작은곰자리에 그런 사연이 있었군요. 그럼 큰곰자리요? 아참, 그건 그렇고 북극성은 어떻게 찾느냐고요!

제우스 님 _ 아! 반말은 미안! 북극성은 큰곰자리 꼬리 부분에 있는 북두칠성을 찾아 선을 이어 보면 됩니다. 작은곰자리의 가장 밝은 별이 북극성이기도 하고요.

남반구아무개 님 _ 남십자성에 대해서는 왜 아무도 댓글을 안 달죠? 저는 남반구에 살고 있단 말이에요! 지니 님~~! 도와줘요~~!

지니의 미스터리 해결

후크선장 님, 거친 파도를 헤치며 보물을 찾아 나서는 해적들의 모험담을 좋아하나 봐요! 지금이야 전문 항해사가 최첨단 기기들을 이용해 항로를 찾는다지만, 그 옛날 드넓은 바다에서는 하늘에 있는 별들의 위치를 보고 판단할 수밖에 없었죠!

✱ 별자리는 하늘에 보이는 몇몇 별이 무리지어 있는 것을 비슷한 모양의 동물이나 물건, 신화 속 인물의 이름을 붙여 부르면서 생겨나기 시작했어요. 각 지역과 계절마다 보이는 별들이 다르고 부르는 이름도 달라서 1928년에 국제천문연맹이 88개의 별자리로 통일했답니다.

✱ 그중 북극성은 지구 자전축(천체가 스스로 돌 때 중심이 되는 축) 위에 살짝 빗겨나 있어서 밤하늘에서 움직이지 않는 것처럼 보입니다. 그래서 오래전부터 북반구(적도를 경계로 북쪽 부분)의 하늘에서는 북쪽을 알려 주는 길 안내 표지판 같은 역할을 했죠. 주로 사막이나 바다에서 길을 잃었을 때 큰 도움이 돼서 길잡이별이라고 부르기도 합니다.

✱ 그런데 수많은 별들 중 북극성을 찾기는 쉽지 않습니다. 북극성은 밝기에 있어서 가장 밝은 별이 아닌 2등급 별이기 때문이죠. 그래서 북극성 주변을 돌고 있는 다른 별들의 위치를 참조해 찾아야 한답니다. 별들은 북극성을 중심으로 하루에 한 번씩 도는데, 사실은 지구가 자전을 하고 있기 때문에 그렇게 보일 뿐이랍니다. 이것을 별의 일주운동이라고 해요.

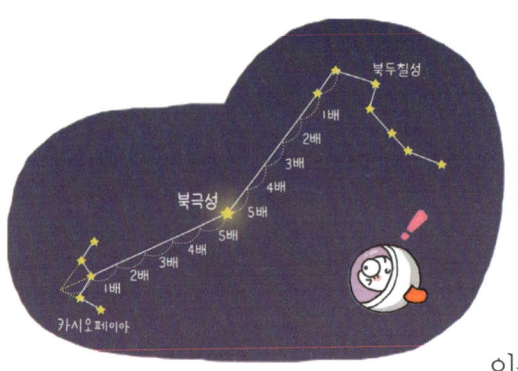

✱ **인간내비게이션** 님의 말처럼 북극성은 주로 북두칠성과 카시오페이아자리를 이용해 찾을 수 있습니다. 북두칠성은 뚜렷한 국자 모양으로 보이는데, 큰곰자리의 꼬리 부분에 해당하기도 합니다. 북두칠성의 국자 끝에 있는 별 두 개를 그 길이만큼 5배 연장하면 그곳에 북극성이 있습니다.

✱ 카시오페이아는 영어 알파벳의 W처럼 생겼는데 양 옆의 선과 움푹 들어간 곳의 선을 이어 그 길이만큼 5배 연장한 곳에 북극성이 있습니다. 북두칠성과 카시오페이아는 북극성을 사이에 두고 서로 마주 보고 있답니다.

✱ **남반구아무개** 님의 말처럼, 남반구(적도를 경계로 남쪽 부분)에서 북극성은 보이지 않습니다. 대신 네 개의 별로 된 십자가 모양의 남십자성을 찾아 좀 더 긴 쪽의 선을 4.5배 연장하면 남극성이 나온답니다. 실제로 남반구에 있는 뉴질랜드, 오스트레일리아, 브라질 등의 국기에는 남십자성이 그려져 있어요!

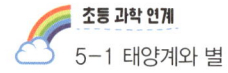

별자리 이야기

　우리나라에는 일곱 아들과 혼자되신 늙은 어머니에 관한 이야기가 북두칠성 전설로 남아 있어요. 어느 날부터인가 일곱 아들은 어머니가 냇가를 건너 이웃에 혼자되신 할아버지를 만나고 온다는 걸 알았어요. 아들들은 어머니가 평생 고생만 하신 줄 알지, 그동안 외롭고 쓸쓸하신 줄은 몰랐던 거예요.
　어머니는 이웃 할아버지를 만나고 온 날엔 냇가를 건너다 옷이 젖어 추위에 덜덜 떨곤 했어요. 그래서 일곱 아들은 힘을 합쳐 냇가에 징검다리를 놓아 어머니가 건너시기 편하게 만들었답니다. 이 모습을 본 하늘은 감동하여 효심이 지극한 일곱 아들이 죽자 북두칠성으로 다시 태어나게 했대요.
　그리스 로마 신화에 의하면 큰곰자리는 제우스를 사랑한 요정 칼리스토가 변한 것이랍니다. 칼리스토는 제우스의 아들 아르카스도 낳았죠. 제우스의 부인 헤라 여신은 질투에 휩싸여 칼리스토를 곰으로 만들어 숲속에 숨어 살게 만들었어요.
　나중에 사냥꾼이 된 아들 아르카스는 엄마 칼리스토를 숲에서 맞닥뜨립니다. 아들은 곰이 된 엄마를 못 알아보고 화살을 쏘려고 했죠. 이때 제우스가 회오리바람을 일으켜 칼리스토와 아르카스를 큰곰자리와 작은곰자리로 만들어 하늘로 올렸답니다. 이 밖에도 전 세계에는 별자리에 관한 재미있는 이야기들이 많이 있답니다.

별똥별의 정체는 도대체 뭘까요?

미스터리 의뢰자
별똥바라기 님

저는 지금 어느 한적한 동해 바다에 있습니다. 가족들과 여행을 왔는데 별이 엄청 많아요. 그래서 줄곧 별똥별이 떨어지기를 바라고 있습니다. 떨어지는 별똥별을 보고 소원을 빌면 그 소원이 이루어진다고 해서요. 제 소원이 뭐냐고요? 바로 별똥별을 보는 것입니다. 그런데 30분이나 밤하늘을 보고 있지만 별똥처럼 생긴 별은 안 보이네요. 뭐 별똥별을 본 적이 있어야 말이죠. 별의 똥한테 도대체 소원은 왜 비는 걸까요? 별똥별, 정체가 궁금합니다!

별모양똥 님 _ 저도 별똥별을 본 적은 없지만, 별 똥이니까 별 모양으로 생기지 않았을까 추측만 해 봅니다. 설마 떨어질 때 냄새가 나진 않겠죠? 이름은 너무 예쁜데 냄새가 난다면……, 우웩!

별똥바라기 님 _ 별 모양 똥이라, 설마 머리 위로 떨어지는 건 아니겠죠? 새똥처럼요! ㄱㅋ 아빠한테 말했더니 "푸하하하!" 웃으시면서 별의 똥은 확실히 아니니 걱정 말래요! ^^

별의별똥 님 _ 워매, 별똥이 별 모양 똥이면 소똥은 소 모양 똥인가유? 왜 개똥도 개 모양 똥이라고 하지유! 암튼 별의별 똥 모양이 다 나오는구먼유! 별똥별은유, 별 모양이 아녀유! 빗금 모양이지유! 하늘에서 땅으로 은색 선을 그은 것 같구먼유. 눈 한 번 끔벅하면 사라지구유!

별똥바라기 님 _ 아아, 별똥별이 빗금처럼 생겼구만유~! 워매, 고마워유~! 흐미, 그런데 지금 아빠가 그러는데 이 글 쓰고 있는 사이에 하나가 떨어졌다네유~!

별의별똥 님 _ 그 바유! 별똥별이 금방 사라지니께 본 사람한테는 행운이 찾아온다는 거여유! 귀한 것이니께유! 근데 시방 나 따라 하는 거여유? 워매, 그러는 사이 별똥별 또 떨어지겠구먼!

귀요미쪼아 님 _ 이분들, 왜 이렇게 귀여운 거예요! ^^ 별똥별은 그냥 '유성'입니다. 별도 아니고 똥도 아니죠! 유성은 우주 공간에 떠다니는 모래나 먼지 같은 건데, 지구 공기층으로 떨어지면서 불꽃을 내며 탄답니다.

별똥바라기 님 _ 에엥? 내가 알던 그 유성이 별똥별이었어요? 헐, 속은 느낌! 그런데 별똥별을 보면 소원이 이루어진다는 건 사실일까요?

 귀요미쪼아 님 _ 불타는 모래나 먼지한테 빈다고 소원이 정말 이루어질까요? 어우, 생각도 귀염둥이!

 별똥바라기 님 _ 헉! **귀요미쪼아** 님, 저 지금 갑자기 가슴이 허합니다. 내 감성 물어내요~~~~! 30분 하늘 쳐다보느라고 목이 안 움직여요~~!

지니의 미스터리 해결

별똥바라기 님, 아주 잠깐 나타났다가 사라지는 별똥별이지만 꼭 한 번 보기를 바랍니다. 너무 아름다운 별똥별의 모습에 뜻밖의 선물을 받았다고 감탄할 거예요. 별똥별이라는 이름 자체도 참 재미있죠? 혹시 알아요? 정말 소원을 이루어 줄지요!

✱ 우주 공간에는 모래나 먼지 같은 것들이 무수히 떠돌아다닌답니다. 이런 것을 유성체라고 해요. 이 유성체는 우주에 떠다니는 작은 암석들이 서로 부딪히거나 혜성에서 떨어져 나온 조각들이 부스러진 것들이랍니다.

✱ 지구 근처를 떠다니던 유성체가 지구 중력에 의해 떨어질 때, 대기권(공기층)과 마찰이 생기며 불타는데요. 이런 현상을

귀요미쪼아 님의 말처럼 별똥별, 즉 유성이라고 부른답니다. 유성(流星)은 떠다니는 별이라는 뜻인데, 실제로 별은 아니에요.

✱ 그럼 왜 별이라고 부를까요? 유성이 지구 대기권으로 떨어지며 불탈 때 밝게 빛을 내기 때문에 별이라고 착각한 것뿐이에요. 유성은 가벼운 담뱃재 정도여서 1초도 안 되는 시간에 대부분 다 타고 사라집니다. 그래서 **별의별똥** 님 말처럼 우리 눈으로 그 짧은 순간을 잡아내기가 꽤 어렵답니다.

✱ 그렇다면 언제 유성을 잘 볼 수 있을까요? 새벽 1시부터 해 뜨기 전까지가 가장 잘 보인다고 해요. 이때 포기하지 않고 30분 정도 쭉 지켜보면 한 개 정도는 맨눈으로도 볼 수 있답니다. 그만큼 지구에는 유성이 많이 떨어지고 있기 때문이죠. 해마다 지구로 떨어지는 유성의 무게를 합치면 수만 톤이나 된다고 해요.

✽ 가끔 유성이 한꺼번에 비처럼 쏟아질 때가 있는데, 이것을 '유성우'라고 부릅니다. 유성우는 주로 얼음과 가스로 이루어진 혜성 때문에 생겨요. 혜성이 태양에 가까워졌을 때 떨어져 나온 부스러기들이 뭉쳐 떠돌다가 지구로 한꺼번에 떨어지는 것이죠.

✽ 이러한 유성우는 1년에 3~4차례 나타납니다. 유명한 유성우로 사자자리, 오리온자리, 쌍둥이자리, 황소자리, 페르세우스자리 유성우가 있어요. 이때 유성우를 발생시키는 혜성을 엄마 혜성이라는 뜻의 '모(母)혜성'이라고 하는데, 오리온자리 유성우의 모혜성은 핼리혜성이고, 황소자리 유성우의 모혜성은 엥케 혜성이랍니다.

✽ 미국 항공 우주국은 오리온자리 유성우를 '가장 아름다운 소나기'라고 했대요. 10월 중에 볼 수 있다니 미차클 여러분도 한번 유성우 관측에 도전해 보세요!

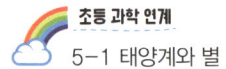

지구에 떨어진 별별 운석들

　별똥별이 다 타지 않고 지구의 땅이나 바다로 떨어지면 뭐라 부를까요? 바로 '운석'이라고 합니다. 유성은 보통 초속 10킬로미터 이상의 엄청난 속도로 떨어지는데, 크기가 크면 클수록 다 타지 못하고 운석으로 떨어져 땅에 커다란 구덩이를 만들기도 하죠. 사람들이 사는 곳에 떨어진다면 지붕에 구멍이 뚫리거나 유리창이 깨지고 자동차가 파손될 수도 있어요.

　운석 중에는 남극 빙하에서 발견된 것이 있는데, 성분을 분석해 보니 화성에서 떨어져 나온 것으로 짐작된답니다. 이런 운석들은 태양계 초기 행성들을 연구하는 데 중요한 자료로 쓰인다고 해요.

　만약 이런 운석 중 지구에 존재하지 않는 물질이라도 있다면 전 세계의 눈길이 집중되는 대단한 발견이 될 수도 있어요. 그래서 이런 운석들을 찾아다니는 운석 사냥꾼들도 있답니다. 부르는 게 값일 정도로 높은 금액을 받을 수 있거든요.

　세계에서 가장 잘 보존된 운석 구덩이는 미국 애리조나주의 사막에 있습니다. 약 5만 년 전쯤에 떨어진 운석 때문에 깊이가 약 180미터, 지름이 약 1.3킬로미터인 구덩이가 고스란히 남아 있답니다. 재밌는 사실은 백여 년 전만 해도 사람들이 이 구덩이를 사화산(완전히 활동이 끝난 화산)의 분화구라고 생각했다는 거예요!

천문대는 왜 그렇게 높은 곳에 있어요?

미스터리 의뢰자
등산싫어 님

지난여름, 방학 때 소백산 천문대에 갔어요. 제가 천체 망원경 보는 걸 좋아해서 엄마께서 천문대 견학을 가 보자고 제안했답니다. 그런데 소백산 천문대에 가려면 천문대가 운영하는 차를 이용하거나 등산을 해야 한대요. 우리 가족은 등산을 선택했답니다. 으으, 천문대는 좋아도 등산은 싫다고요! ㅠㅠ 그런데 대부분의 천문대는 이렇게 높은 곳에 위치한다고 해요. 왜 그런 걸까요? 사람들이 많이 오는 게 싫은 걸까요? 도대체 왜?

부러워요

놀라워요

수상해요

관심없어요

달사다리 님 _ 정말 몰랐어요? 천문대에서 전파를 쏘면, 달에서 사다리가 내려와요. 최대한 높은 곳으로 올라가야 사다리를 타고 달까지 갈 수 있대요.

등산싫어 님 _ 큭, 뭐 그렇다 치고, 달에는 왜 가는 건데요? 천문대는 망원경으로 별을 관측하는 곳 아닌가요?

달사다리 님 _ 모르셨구나, 쯧쯧! 로켓을 쏴 달에 가는 것보다 높은 곳에 있는 지구 천문대와 달을 연결하는 게 돈이 덜 든다고 해서 요즘은 다들 달 사다리를 만들고 있거든요!

등산싫어 님 _ 우와! 만우절도 아닌데, 정말 진지하게 거짓말을 하시네요! 하마터면 믿을 뻔!

차도남 님 _ 유후~! 차가운 도시 남자, 차도남입니다! 저는 시골보다 도시를 좋아하지요. 유후~! 도시는 인공조명으로 휘황찬란한 게 매력이지요! 따로 별빛 보러 등산할 일이 없어요! 같은 빛이면 차가운 도시 불빛이 최고! 유후~!

등산싫어 님 _ 도시 불빛은 댁이나 실컷 구경하고요. 도대체 왜 천문대는 높은 곳에 있냐고 저는 묻는 겁니다만!

차도남 님 _ 유후~! 나의 실수~! 그건 도시 불빛들 때문이에요. 인공조명들이 많은 곳에서는 아무리 뛰어난 천체 망원경이라도 우리가 빤히 알고 있는 가까운 천체들만 관측할 수 있죠! 유후~!

 **꼬마천문학자** 님 _ 높은 곳에 위치한 천문대는 대부분 과학자들이 전문적인 연구를 하기 위해 만들었어요. 지금껏 관측된 적이 없는 항성이나 성운을 발견하고 특징을 연구한답니다. 도시에 있는 천문대보다 훨씬 많은 별을 볼 수 있으니까요.

 등산싫어 님 _ 일부러 도시와 멀리 떨어지고 하늘과 더 가까운 곳에 만든 거로군요!

 **꼬마천문학자** 님 _ 그렇죠! 날씨의 영향을 덜 받으려는 이유도 있어요. 구름이나 안개가 껴도 천문대가 그보다 더 높이 있으면 흐린 날씨쯤은 방해가 안 되니까요.

 등산싫어 님 _ 이제 알겠어요! 날씨와 불빛의 방해를 받지 않으려고 그 높은 곳까지 올라간 거네요! 이제야 이해가 가요. ^^

지니의 미스터리 해결

등산싫어 님, 가족끼리 천문대 견학이라니, 멋집니다! 높은 산에 있는 천문대에 가려면 험한 길을 올라야 하지요. 가기는 힘들지만 높은 곳에 있는 천문대에서는 수박 겉핥기식 체험만 하는 도시의 과학관이나 천문대보다 경험할 수 있는 게 훨씬 더 많답니다!

✼ 천문대가 위치하기에 가장 좋은 곳은 맨눈으로도 별들이 많이 보이는 곳입니다. 그런 곳은 밤이 되면 별빛 이외에 다른 불빛은 찾아볼 수가 없답니다. **차도남** 님의 말처럼 밤에

도 인공조명이 밝게 켜져 있는 도시와 멀리 떨어져 있어야 하죠.

✼ 게다가 **꼬마천문학자** 님의 말처럼 구름이나 안개가 시야를 가리지 않는 곳이어야 합니다. 그러려면 되도록 구름과 안개의 위치보다 높은 산꼭대기가 좋겠지요.

✼ 또한 비가 많이 내리고 습기가 많은 곳, 기압이 높아 미세먼지가 머무는 곳도 피해야 합니다. 그런 곳은 대기의 흔들림이 많고 깨끗하지 못한 곳이죠. 반면 천문대가 위치하기에 좋은 곳은 대기가 안정적이고 맑아 별빛이 또렷이 관측되는 곳이랍니다.

✼ 우리나라 천문대도 연구 목적으로 지은 곳은 대부분 높은 산에 위치해 있습니다. **등산싫어** 님이 다녀온 '소백산 천문대'와 '보현산 천문대' 등이 그렇습니다. 이 밖에 관람과 교육이 목적인 천문대는 도시에도 많답니다.

✲ 그런데 우리나라는 별빛을 연구하기에 그리 좋은 조건을 갖추고 있지는 않습니다. 실제로 소백산 천문대에서 관측이 가능한 맑은 날은 1년 중 평균 130~170일 정도라고 해요. 칠레 아타카마 사막 지역과 하와이 마우나케아산에서는 관측일이 평균 330일로 거의 1년 내내 관측할 수 있는데 말이죠.

✲ 그래서 우리나라를 포함해 세계 여러 나라에서 칠레와 하와이에 천문대를 건설하고 있답니다. 실제로 우리나라도 건설에 참여하고 있는 '거대 마젤란 망원경'은 칠레 아타카마 사막에 위치한 '라스 캄파나스 천문대'에 세워질 예정이에요. 그곳은 안데스산맥이 바람을 막아 주고, 고도가 높고 건조해, 대기가 맑고 안정적이랍니다. 사막이라 인공 빛도 없고요.

✲ 여기서 잠깐! 천문대의 연구원들은 낮과 밤을 바꿔 생활한다고 해요. 밤을 새워 별을 관측하고 낮에는 잠을 잔답니다. 그래서 일반 직원들은 1층, 연구원들은 2층에서 따로 생활하며 웬만하면 서로의 공간을 침범하지 않는다고 해요.

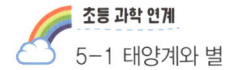

우리는 과거의 별빛을 본다?!

혹시 과거를 여행할 수 있다면 기분이 어떨 것 같나요? 그것도 아주 손쉬운 방법으로요. 드디어 타임머신이 발명됐냐고요? 안타깝게도 그건 아니에요. 타임머신이 있다면 우리가 가장 행복했던 때나 가장 아쉬웠던 때로 돌아가서 그 행복감을 다시 맛본다거나 실수를 바로 고친다거나 할 수 있겠죠. 하지만 그거 알아요? 시간을 정해 과거로 돌아갈 순 없지만 우리도 가끔 과거를 볼 수 있단 사실을요!

우리에게는 바로 별빛 여행이란 타임머신이 있으니까요! 무슨 소리냐고요? 우리가 밤하늘을 통해 보는 별빛은 현재의 별빛이 아니랍니다. 바로 몇 년 전 혹은 몇십 년 전의 별빛이거든요.

왜냐하면 별은 지구와 아주 멀리 떨어져 있기 때문이에요. 앞에서 '광년'에 대해 알아봤지요? 1광년은 빛이 1년 동안 가는 거리를 말합니다. 바로 9조 4,600억 킬로미터죠. 시리우스라는 별은 지구까지 약 8.6광년의 거리에 있습니다. 그러니 우리가 오늘밤 보고 있는 시리우스 별빛은 적어도 8년 전에 출발한 별빛입니다. 과거의 별빛인 거죠. 오늘 출발한 시리우스 별빛은 앞으로 8년 후에나 보게 되고요. 참, 신기하죠?

별도 늙고 죽는다는데, 사실인가요?

미스터리 의뢰자

동안피부 님

저는 열 살이면서 다섯 살의 젊음(?)을 유지하고 있는 어린이입니다. 엄마가 오이 마사지를 할 때마다 저도 옆에서 열심히 따라 하는 게 비결이라면 비결이죠. 어느 날, 제가 별을 바라보다가 "내 피부도 저 별처럼 영원히 반짝였으면 좋겠어!"라고 했더니, 아빠가 말했습니다. "별도 늙고 죽는단다!" 어른들은 꼭 이런 식이에요. ㅠㅠ 아이들의 순수한 생각을 지켜 주면 안 되나요? 아무튼 별도 늙고 죽는다는 게 사실인가요?

재밌어요　신기해요　엉뚱해요　어이없어요

애늙은이 님 _ 부럽습니다. 저는 열세 살인데 고등학생인 줄 알아요. 지나가는 중학생 형들이 인사를 한답니다. 에헴! 아무튼 저도 어디선가 들었는데 태양도 나중엔 늙어서 하얗고 작은 별이 됐다가 결국 완전히 사라질 수 있대요.

동안피부 님 _ 어머! 님은 중학생이 되면 대학생인 줄 알겠네요? ^^;; 그런데 태양도 늙는다고요? 처음 들어요! 게다가 사라진다니, 지구도 그럴까요?

애늙은이 님 _ 태양도 늙는데 지구라고 별수 있을까요? 에헴!

안구에습기 님 _ 아니, 뭐 별이 살아 있는 생물인가요? 늙기도 하고 죽기도 하게! 별은 우리가 지켜 줍시다, 쫌! 영원히 사는 거로! 별이 죽는다 생각하니 눈가가 촉촉해져요! ㅠㅠ

동안피부 님 _ 그러다 우시겠어요. ^^;; 하지만 별이 늙고 죽는 게 과학적 사실이라면 우리가 지킨다고 지켜지나요?

안구에습기 님 _ 그, 그런가요? 으흑! 사람처럼 태어나고, 늙고, 죽는 별이라니 너무 슬프잖아요. 으아아앙!

별별소리 님 _ 살다 살다 별의별 희한한 소리 다 듣겠네요. 우주는 빅뱅으로 탄생한다는데 별이 죽어 없어지면 우주도 없어지는 건가요? 그럼 지구에 사는 우리는요?

 **동안피부** 님 _ 그야 저도 모르죠. (나도 안구에 습기 차!) ㅠㅠ

 **별별소리** 님 _ 태양이 46억 살, 지구가 45억 살 정도 된다는데, 백 년도 채 못 사는 우리가 어떻게 그걸 알겠어요? 과학자들은 참 별의별 연구를 다 하는 거 같아요!

 **우리는하나** 님 _ 별도 탄생과 죽음을 맞이하는 거 맞습니다. 그거 알아요? 우주의 빅뱅과 함께 탄생한 원소들이 우리 몸에도 있다는 걸? 우리 몸에도 있는 수소는 별이 탄생할 때 쓰이고, 산소와 탄소, 철 등은 별이 폭발할 때 만들어져요. 어때요? 생물과 무생물을 떠나서 우리를 구성하는 원소들은 거의 비슷하답니다.

 **동안피부** 님 _ 우와! 정말이요? 어머머, 너무 신비로워요! 하긴 우주 안에 인간이 있잖아요. 당연히 콩 심은 데 콩 나고 팥 심은 데 팥 나겠죠! 우리 몸이 작은 우주라는 말도 있고요!

지니의 미스터리 해결

동안피부 님, 별처럼 반짝이는 피부를 가졌나 봐요! 저도 오이 마사지를 해 봐야겠어요! ^^ 언제나 저 밤하늘 위에 아름답게 떠 있을 것 같은 별도 사람처럼 늙어 가다 결국 죽을 수 있다니 참 묘한 생각이 듭니다. 자, 우리 함께 그 오묘한 세계로 떠나 볼까요!

✱ **우리는하나** 님의 말처럼 별(항성)은 우주에 있는 물질로부터 탄생하고 몇몇 과정을 거쳐 다시 우주로 사라져 죽음을 맞이하는 게 맞습니다. 별은 가스와 먼지가 구름처럼 모여

있는 성운에서 탄생해요. 말머리 성운이나 장미 성운 같은 곳에서요.

✱ 인간을 포함해 우주의 모든 물질은 현재까지 발견된 118가지의 원소로 이루어지는데, 성운은 주로 수소, 헬륨, 먼지로 이루어져 있습니다. 성운 속 가스와 먼지는 차차 공처럼 서로 달라붙어 점점 더 커지고 뜨거워지지요.

✱ 이때 중심 온도가 1,000만 도가 넘어 가면 핵융합 반응이 일어납니다. 핵융합은 별을 구성하는 수소가 헬륨을 만들어 내는 것을 말하는데, 엄청난 빛과 열을 내뿜어요. 이때 주변을 둘러싸던 가스와 먼지가 날아가고 별이 모습을 드러낸답니다.

✱ 태양을 포함해 모든 별은 이런 식으로 탄생해요. 늙고 소멸하는 과정은 별의 질량에 따라 다르고요. 태양보다 질량이 작거나 비슷한 별들은 시간이 지날수록 점점 더 커지며 붉게 빛나는 '적색거성'이 됩니다. 이때는 주위의 행성을 집어삼킬 정도로 몸집이 커지죠.

* 적색거성이 수소와 에너지를 다 쓰면 다시 점점 작아지면서 하얀색의 작은 별이 됩니다. '백색왜성'이 되는 것이죠. 그러다가 **애늙은이**님의 말처럼, 폭발을 거듭하며 완전히 사라져 버리기도 합니다.

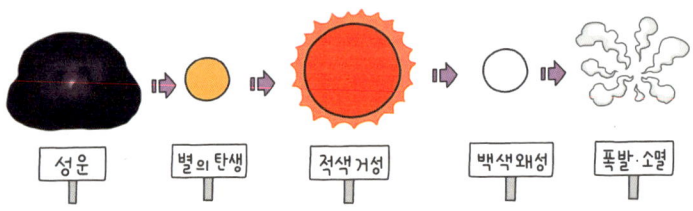

* 태양보다 질량이 더 큰 별들은 이런 과정을 더욱 빠르게 진행합니다. 그러다가 어느 순간 큰 폭발을 일으키며 우리가 맨눈으로 관찰할 수 있을 정도로 엄청나게 밝은 빛을 내다가 점차 사라집니다. 이런 별을 '초신성'이라고 해요.

* 별이 사라지면서 내뿜은 가스와 먼지들은 다시 다른 별의 탄생에 도움을 줘요. 어찌 보면, 사람이 죽어서 땅에 묻혀 흙으로 돌아가는 과정과 비슷하답니다. 참, 태양이 지구를 비롯한 주변 행성을 집어삼키며 적색거성이 되었다가 소멸되려면 앞으로 50억 년이나 걸린다니 너무 걱정하지 않아도 된답니다!

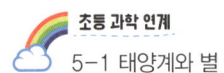

초등 과학 연계
5-1 태양계와 별

블랙홀과 스티븐 호킹

태양보다 질량이 수십 배 되는 별들은 어떻게 소멸하게 될까요? 바로 이름만 들어도 무시무시한 '블랙홀'이 된답니다. 질량이 큰 별들은 폭발을 거듭하면서 점점 작아지는데, 태양이 축구공만큼 쪼그라든다고 상상해 보세요. 그 별은 크기는 너무나 작은데 중력은 엄청나게 커진답니다. 그러면 나중에는 그 중력으로 인해 모든 것을 빨아들이게 되는데, 그 모습이 마치 검은 구멍 같아요. 이것이 '블랙홀'이랍니다.

블랙홀 연구에 있어서 가장 유명한 과학자는 영국의 천체물리학자 '스티븐 호킹'이에요. 그는 그야말로 천재죠! 게다가 스물한 살 때 온몸의 근육이 굳어 가는 루게릭병 진단을 받고 잘해야 2년을 더 살 수 있다는 절망적인 말을 들었답니다. 하지만 그는 휠체어에 앉아 블랙홀과 우주에 대한 연구와 강의를 거듭하며 희망을 놓지 않았어요. 나중에는 목소리도 나오지 않아 뺨이나 눈썹의 움직임을 감지해 글자로 입력하는 컴퓨터 시스템의 도움을 받았답니다. 이렇게 해서 그는 시한부 선고를 받고서도 55년을 더 살았어요.

"비록 내가 움직일 수 없다고 해도 마음속에서만큼은 자유롭다."

"고개를 들어 별을 봐요. 당신 발만 보지 말고. 호기심을 가져요."

호킹 박사가 한 말입니다. 배울 점이 많은 아주 멋있는 분이지요? ^^*

태양계 가족들을 소개해 주세요!

미스터리 의뢰자

대가족 님

우리 집은 할아버지, 할머니, 엄마, 아빠, 삼촌, 나, 동생, 이렇게 일곱 식구가 사는 대가족이에요. 얼마 전까지 제가 우리 집에서 최고 귀염둥이였는데, 동생이 태어난 후 모두 동생 주변을 맴돌아요. 마치 태양 주위를 도는 행성들처럼요. 동생이 환하게 웃으면 해가 뜨는 것 같다나, 뭐라나! 뭐 인정해요. 제가 봐도 너무 사랑스럽거든요! 태양계를 가족이라 보면 어떤 천체가 인기가 가장 많을까요? 태양계 가족들을 소개해 주세요!

관심없어요 놀라워요 궁금해요 귀여워요

우주대스타 님 _ 태양계에서 가장 인기 있는 천체요? 말해 뭐해요! 그야 지구죠! 태양계 행성들인 수성, 금성, 지구, 화성, 목성, 토성, 천왕성, 해왕성 중에 생명체가 사는 곳이 어디예요? 오직 지구뿐이죠? 말해 뭐해요!

대가족 님 _ 하지만 태양이 없으면 지구에 생명이 사는 건 불가능하잖아요. 제 생각엔 태양이 최고예요!

화성미남 님 _ 지구에서 현재 탐사선을 제일 많이 보내는 곳이 어디입니까? 바로 화성이죠. 뭔가 매력적인 데가 있으니까 그러는 거 아니겠어요?

대가족 님 _ 화성에 물이 흐른 흔적이 있다는 얘긴 들어 봤어요. 그런데 왜 닉네임이 화성미남이에요? 화성에 생명체라도 발견됐나요?

화성미남 님 _ 친구가 그러는데 제 얼굴이 화성에서는 통하는 얼굴이래요.

대가족 님 _ 헐, 그럼 나는 목성 미남 할래요.

화성미남 님 _ ㅋㅋ 목성에는 땅이 없어요. 가스로 가득 찬 행성이라고요. 미남 대회도 땅이 있어야 하죠!

집나간명왕성 님 _ 그거 알아요? 태양계에서 쫓겨난 행성이 있다는 사실을요?

 **대가족 님 _** 에엥? 정말요? 님 닉네임을 보니 혹시 명왕성?

 **집나간명왕성 님 _** 맞아요! 글쎄, 명왕성이 태양계 식구가 아니었대요. 행성이 아니라 그보다 더 작은 '왜소행성'이었대요.

 **대가족 님 _** 명왕성이 왠지 불쌍해요. ㅠㅠ

 **가장의무게 님 _** 태양계에선 당연히 태양이 인기 최고죠! 모든 천체가 태양을 중심으로 돌잖아요. 태양이 맨 먼저 만들어졌고, 나머지 행성들은 태양에 합쳐지지 못한 가스와 먼지들로 만들어진 거라고요. 태양 나고 행성 났지, 행성 나고 태양 난 게 아니거든요.

 **대가족 님 _** 저도 그렇게 생각해요. 지금 이 순간에도 열심히 불타오르며 지구를 적당한 온도로 덥혀 주니까요. 식구를 먹여 살리는 가장의 모습 같아요!

 **가장의무게 님 _** 제 닉네임의 깊은 뜻을 알아주다니, 감동! 실제로 태양은 태양계 천체 중 가장 무겁답니다.

지니의 미스터리 해결

대가족 님, 요즘 보기 드물게 함께 사는 식구가 정말 많네요! 그만큼 날마다 웃음꽃이 피어날 것 같아요. 동생이 태어나서 가족 사랑이 더 커졌을 테니까요. 태양계의 천체들도 님의 가족처럼 평화롭고 화목했으면 좋겠습니다. ^^

✱ 태양계는 46억 년 전쯤에 태양이 먼저 만들어지며 탄생했어요. 다음은 **가장의무게** 님의 말처럼 중력에 의해 태양을 중심으로 돌던 먼지와 가스들이 오랜 세월 서로 뭉치고 부딪혀서 8개의 행성과 160개가 넘는 위성, 소행성, 혜성 등이 만들어졌답니다.

✱ 태양계 행성들은 지구형 행성과 목성형 행성으로 나눌 수 있어요. 지구형 행성은 지구처럼 중심에 핵이 있고 암석 덩어리가 행성의 표면을 이루고 있어요. 태양이 가벼운 물질들을 날려 버렸기 때문에 비교적 단단한 암석만 남은 거랍니다. 그래서 암석형 행성이라고도 부르는데, 수성, 금성, 지구, 화성이 해당돼요. 크기는 작은 편이지만 밀도(빽빽이 들어선 정도)가 높은 편이죠.

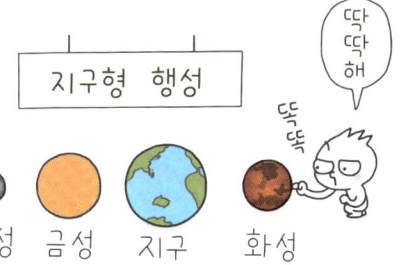

✱ 목성형 행성은 목성처럼 중심의 핵을 수소나 헬륨 같은 가스가 둘러싸고 있어요. 그래서 가스형 행성이라고 부르는데, 목성, 토성, 천왕성, 해왕성이 해당돼요. 비교적 태양과 멀리 떨어져 있어 기온이 낮고, 가스로 이루어진 만큼 크기에 비해 밀도가 낮아 가볍습니다. 또한 먼지와 얼음 덩어리로 된 고리를 가지고 있고, 위성도 많은 편이죠.

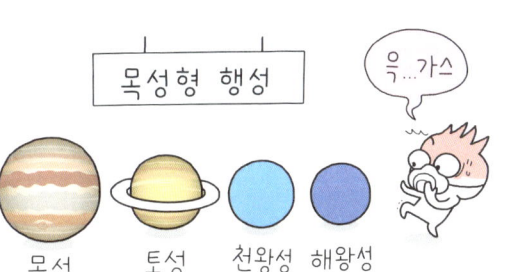

✻ 그럼 행성들 하나하나의 특징을 알아볼까요? 태양계에서 가장 작은 행성인 수성은 태양과 가장 가깝고 대기가 거의 없어요. 그래서 낮에는 400도까지 올라가고 밤에는 영하 170도까지 내려간답니다. 금성은 지구와 비슷한 크기이고, 이산화탄소로 덮여 있어 열이 빠져나가지 못해 평균 온도가 500도나 되는 뜨거운 행성이에요.

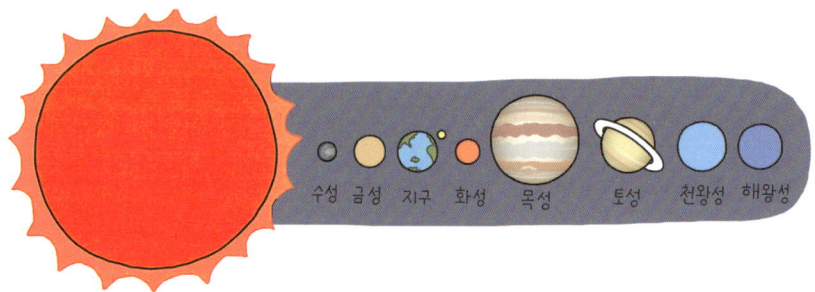

✻ 지구는 태양과 적절한 거리를 유지하고 있고, 대기와 물이 존재해요. 밝혀진 바로는 유일하게 생명체가 사는 행성입니다. 화성은 지구와 가장 가까운 행성이고, 물이 흐른 흔적이 남아 있어요. 목성은 태양계에서 가장 큰 행성입니다. 대기의 움직임이 활발해 줄무늬와 소용돌이가 보이고, 위성이 90개가 넘는답니다.

✻ 토성은 얼음 덩어리로 된 매우 뚜렷한 고리를 가지고 있습니다. 위성의 수는 100개가 넘고, 가장 큰 위성인 타이탄에는 생명체가 존재할 가능성이 높다고 해요. 천왕성은 망원경으로 발견한 첫 행성이고 자전축이 누워 있어요. 해왕성은 태양계의 가상 바깥쪽에 있는 행성으로 태양 주위를 도는 데 약 165년이 걸린답니다.

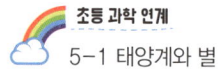

태양계에서 쫓겨난 명왕성?!

여러분, 2006년 여름까지만 해도 태양계에는 9개의 행성이 존재했답니다. 태양계의 가장 바깥에는 해왕성이 아니라 명왕성이 있었거든요. 명왕성은 크기가 달의 3분의 2 정도 되는 작은 행성이었는데, 행성이라고 하기엔 이상한 점이 많았답니다.

태양계 행성들의 공전 궤도는 대체로 원에 가까웠는데, 명왕성은 길쭉한 타원형이었고 다른 행성들보다 궤도면도 많이 기울어져 있었어요. 게다가 명왕성의 위성도 다른 행성들의 위성에 비해 공전 주기가 많이 이상했지요.

급기야 명왕성보다 더 큰 천체를 발견하게 되는데, 이런 식으로 하다가는 태양계의 행성이 12개까지 늘어날지도 모르는 상황이 되었답니다. 그래서 국제천문연맹은 '행성'에 대한 기준을 다시 고쳐야 했어요.

첫째, 태양을 중심으로 공전할 것
둘째, 자체 중력으로 공 모양의 안정적인 형태를 유지할 것
셋째, 공전 궤도 근처의 천체를 위성으로 만들거나 또는 밀어낼 수 있어야 할 것

이중 명왕성은 마지막 조건을 만족 못 시켜 행성의 지위를 뺏기고 왜소행성으로 남게 되었답니다. 하지만 여전히 태양계의 천체로 남아 있으니 너무 서운해 할 일은 아니랍니다. ^^

태양에 있는 까만 점이 뭐예요?

미스터리 의뢰자
깜놀 님

오늘 낮에 누나가 쌍안경에 검정색 필름을 붙이고 있어서 뭐 하는 거냐고 물어봤어요. "태양을 관찰할 때는 이렇게 해야 눈을 보호할 수 있어." 공부 잘하는 누나가 하는 말이니 믿었죠. 저는 재빨리 쌍안경을 뺏어 태양을 바라봤어요. 그런데 붉게 이글거리는 태양에 깜짝 놀라고, 뭔가 검정 얼룩 같은 게 보여 또 한 번 놀랐지 뭐예요. 누나 말로는 흑점이라는데, 그게 도대체 뭐예요? 왜 태양에 까만 점이 보이는 거죠?

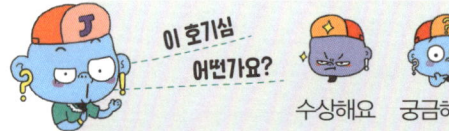

 **내눈에파리** 님 _ 쌍안경 렌즈에 똥파리 붙은 거 아니에요? 아니면 누나가 코 후비고 렌즈를 만져서 코딱지가 붙었거나!

 깜놀 님 _ 헐, 우리 누나 엄청 깔끔하거든요! 파리가 붙어 있는 거도 아니었어요!

 **내눈에파리** 님 _ 그럼 네 눈에 있는 꾀죄죄한 눈곱이 보인 거 아닌가? 좀 씻고 다녀라!

 깜놀 님 _ 컥! 오늘 세 번째 깜짝 놀라네요. 이분 왜 이래요? **지니** 님~~ 악플이에요!!

＊＊＊ 내눈에파리 님! 반말 사용과 비난 댓글로 글쓰기 권한이 박탈되었습니다. ＊＊＊

 **혹시그거?** 님 _ 음, 그 까만 점은 혹시 그거 아닐까요? 태양에 사는 외계 생명체?

 깜놀 님 _ 그 불구덩이에서 살아남을 생명체가 과연 있을까요? ^^;;

 **혹시그거?** 님 _ 그렇다면 정말로 혹시 그거 아닐까요? UFO, 그러니까 미확인 비행 물체?

 깜놀 님 _ 누나가 태양에 있는 흑점이랬어요. -_-;;

 혹시그거? 님 _ 흑점이라……. 혹시 그거 하늘을 날던 까마귀는 아닐까요?

깜놀 님 _ **혹시 그거?** 님, 그만하세요. 재미없어요! ㅠㅠ;;

쏠라맨 님 _ 움하하하! 쏠라맨~! 태양에 관한 건 이 쏠라맨에게 물어야죠! 흑점은 태양 표면보다 상대적으로 더 낮은 온도여서 검게 보이는 겁니다. 태양열이 대류에 의해 순환하는데, 강한 자기장의 힘을 받으면 열이 잘 전달되지 않아 어느 한 부분이 식어 버리죠. 그게 흑점이에요! 쏠라맨~!

깜놀 님 _ 헉! 너무 어려워요. 대류는 뭐고, 자기장은 뭐예요?

쏠라맨 님 _ 움하하하! 쏠라맨~! 대류는 기체나 액체에서 뜨거워진 부분이 위로 올라가고 차가워진 부분이 아래로 내려가는 걸 반복하면서 열이 고르게 퍼지는 것을 말합니다! 자기장은 자석의 힘이 미치는 공간을 말하는데, 지구나 태양은 커다란 자석이라 생각하면 된답니다. 쏠라맨~!

깜놀 님 _ 아하! 이제 좀 알 것 같아요! 쏠라맨 님, 고마워요!

깜놀 님, 태양의 흑점을 관찰했군요. 누나 분이 과학을 좋아하나 봐요. 태양은 태양계의 중심이자 끊임없이 에너지를 분출하는 신비한 천체죠. 흑점은 그런 태양에서 보였다가 안 보였다가를 반복한답니다. 다 함께 이유를 알아볼까요?

지니의 미스터리 해결

✻ 태양의 흑점을 관찰할 때는 꼭 태양 필터 필름을 붙인 천체 망원경이나 쌍안경으로 관찰해야 눈을 보호할 수 있어요. 그것도 3분 내로 짧게 관측해야 합니다. 맨눈으로 봤다가는 시력을 잃을 수 있으니까요.

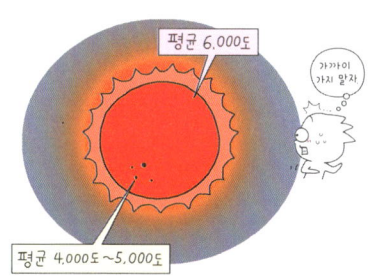

✻ **쏠라맨** 님 말처럼, 태양 표면의 온도는 평균 6,000도 정도인데, 흑점은 그보다 낮은 4,000~5,000도 정도여서 상대적으로 어둡게 보이는 것이라고 합니다. 흑점은 모양과 크기가 다양하지만 클 때는 지구 크기의 10배 정도나 된다고 해요.

✻ 태양은 지구처럼 커다란 자석이어서 자기장을 발생시켜요. 이 자기장이 태양이 내뿜는 열에너지의 대류 현상을 방해하기도 합니다. 이것은 태양의 자전 속도와 관련이 있어요. 태양의 적도 부근이 극지

방보다 자전 속도가 빨라 자기장의 흐름이 일시적으로 꼬이며 열 전달을 방해하는데, 바로 그 부분의 온도가 일시적으로 낮아져 흑점으로 보이는 것이랍니다.

✻ 흑점은 주로 11년을 주기로 개수가 늘어나고 줄어들기를 반복한다고 해요. 흑점이 늘어나면 태양 활동이 활발하게 일어나는 것이고, 흑점이 줄어들면 태양 활동이 줄어드는 것이어서 지구의 기후나 환경에 영향을 미칠 수 있다고 주장하는 과학자들도 있어요. 하지만 확실한 관계가 있는지는 더 연구가 이루어져야 한답니다.

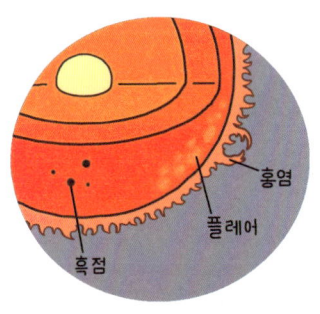

✻ 태양의 흑점이 늘어나면, 흑점 근처에서 플레어(태양 대기층에서 빛과 에너지가 분출하는 현상)와 홍염(높이 솟아오르는 불꽃) 등이 많이 관측됩니다. 이런 현상을 '태양 폭발'이라고도 하는데, 이때 태양의 여러 입자가 우주 공간으로 쏟아져 나오며, 그 속도가 초속 800킬로미터에 이르는 태양풍이 불기도 한답니다. 태양풍은 지구 자기장에 영향을 미쳐서 전파 통신 장애를 불러 올 수 있다고 해요.

✻ **내눈에파리** 님, 단순한 장난을 넘어서 다른 사람 마음에 상처를 주는 댓글을 악성 댓글이라고 합니다. 글쓰기 권한은 한 달 후에 발생합니다.

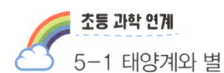

태양풍과 전자기기와 오로라?!

태양 흑점의 폭발로 인해 발생하는 태양풍은 지구에 살고 있는 우리 생활에도 영향을 미칩니다. 엄청난 속도로 밀려오는 태양풍에는 지구의 자기장을 어지럽히는 전자 같은 입자들이 실려 옵니다. 그 입자들은 전파의 흐름을 막고, 전자기기의 작동을 멈추게 할 수 있어 자칫 큰 해를 입힐 수 있답니다.

예를 들어, 전파가 제대로 흐르지 않으면 라디오나 텔레비전 등의 방송이 제대로 나오지 않게 되고, 우리가 자주 쓰는 휴대전화도 신호를 주고받지 못해 소용이 없게 됩니다. 또한 국제 우주 정거장에 있는 우주인들의 생존을 위협할 수 있고, 병원 장비와 은행 시스템, 항공·철도 시스템에도 문제를 일으킬 수 있어요.

다행히 과학자들은 '파커 태양 탐사선'이나 '태양 궤도선'을 발사해 태양풍을 분석하고 미리 예측하고 있다고 합니다.

그런데 극지방에서 볼 수 있는 아름다운 오로라가 태양풍과 관련되었다는 사실을 여러분은 알고 있었나요? 오로라는 주로 대기권 상층부에서 물결이 흐르듯 빛을 내는데, 태양풍의 전기를 띤 입자와 지구 자기장이 만들어 내는 작품이라고 해요!

화성으로 이사를 신청이요!

갈 수 있다고요?

용감하군…

미스터리 의뢰자

신청자1호 님

화성이 옆 동네도 아니고, 그렇다고 이웃 나라도 아니고, 이게 정말이에요? 화성에 사람이 살 수 있게 만들어 원하는 사람들을 이사시킬 계획이 있다고 하던데요! 그렇다면 제가 갈래요! 정글이나 사막에서 살아남는 법, 저는 잘 알고 있거든요! 게다가 화성이라니 이런 기회가 또 있겠어요? 그런데 어떤 방법으로 화성에 사람이 살 수 있게 만든다는 거죠? 거기엔 물도 없고, 산소도 없잖아요! 화성으로 이사 갈 수 있는 거 정말 맞아요?

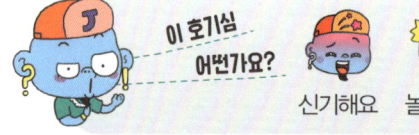

이 호기심 어떤가요?

 신기해요   놀라워요   궁금해요   걱정돼요

등교중 님 _ 저도 화성 이주 계획에 대해 들었어요. 설마 신청자가 있을까 했는데, 여기 계시네요! 화성에 가면 학교나 학원에 안 갈 거 같아서 저도 살짝 호기심이 생기려고 해요.

신청자1호 님 _ 그렇죠? 사람 사는 건물 짓기에도 바쁜데, 학교는 맨 나중에 지을 것 같아요. 룰루랄라~~!

등교중 님 _ 아마도 지하 도시를 짓지 않을까요? 태양풍이나 우주 방사능을 피하려면 땅속이 제일 좋을 것 같아요.

신청자1호 님 _ 제가 알기론 둥근 지붕(돔) 모양의 거대한 덮개를 씌운 도시를 만든다고 하던데요.

김감독 님 _ 헐, 님들 그런 건 공상 과학 영화에서만 가능한 거 아니에요? 지구랑 비슷하게 화성에는 사계절이 있고, 물이 흘렀던 흔적이 있다고 하지만 알다시피 대기가 거의 없고, 사람이 살기에는 너무 추워요.

신청자1호 님 _ 그럼 식물을 키우면 되죠. 식물은 산소를 내뿜잖아요. 둥근 지붕을 덮은 거대한 온실을 먼저 만들어 기온을 높이고, 식물을 심어서 산소를 만들어 내면 될 거 같아요.

김감독 님 _ 그게 말이야 쉽죠. 영화 세트장 만드는 것도 아니고!

난반댈세 님 _ 그런데 뭐 하러 화성에 가는 거예요? 지구가 오염될까 봐? 인구가 너무 많아서? 아무리 생각해도 지구를 아끼고 사랑하며 살던 곳에서 사는 게 더 낫지 않을까요? 화성 이주 계획엔 돈이 엄청 많이 든대요.

신청자1호 님 _ 뭐든 도전해 보는 게 좋잖아요. 인류의 역사가 이렇게 발전한 것도 터무니없는 거에 도전한 사람들이 있었기 때문이라고 생각해요. 안 그러면 지금까지 원시 시대 생활을 그대로 하고 있겠죠.

난반댈세 님 _ 에이, 지구에서의 도전과 우주에서의 도전은 엄청난 차이가 있다고요. 우주가 훨씬 더 위험하니까요! 자칫 무모한 도전이 될 수 있어요.

신청자1호 님 _ 그래도 제 마음은 안 변해요. 지구인들을 위해 꼭 화성에 사람 사는 도시를 만들 거예요!

지니의 미스터리 해결

신청자1호 님, 무척 용감하네요! 사실 화성 이주 계획은 지금도 착착 진행 중이랍니다. 화성으로 가는 우주선의 시험 비행에 거의 성공했고, 화성을 지구 환경처럼 바꾸는 일에 대해 많은 과학자들이 아이디어를 내고 있으니까요. 하지만 성공할지는 아무도 모르죠, 뭐!

✱ 화성은 지구와 비슷한 행성입니다. **김감독** 님의 말처럼 화성에는 많은 양의 물이 흘렀던 흔적이 있어요. 그리고 극지방에는 얼음이 묻혀 있어서 땅속에는 생명체나 그 흔적이 발견될지도 모릅니다. 또

한 화성에서의 하루는 24시간 37분으로 지구와 비슷하고, 온도 차이는 많이 나지만 사계절이 있습니다.

✱ 화성에 처음 착륙한 건 무인 화성 탐사선 바이킹호였어요. 돌덩이로 가득한 화성 표면의 사진을 찍어 보내고 흙을 가지고 돌아왔답니다. 그 흙 속에는 어떠한 생명체도 없었고요. 그 뒤로도 계속해서 탐사선을 보냈고, 물이 흘렀던 흔적과 얼음이 존재한다는 걸 알아냈답니다.

✱ 2020년만 해도 아랍에미레이트, 중국, 미국이 화성 탐사선을 다시 쏘아 올렸고, 이후 화성 이주에 대한 좀 더 구체적인 계획들을 세우고 있습니다. 이제는 화성에 사람을 이주시키는 것이 더 이상 영화에서나 나올 법한 이야기는 아니라는 증거입니다.

✳ 화성을 비롯한 우주의 천체들엔 국가도 없고 주인도 없습니다. 그래서 전 세계의 관심이 우주로 향하고 있는 것이지요. 개발을 먼저 하는 국가가 그곳을 먼저 차지할 수 있으니까요. 미국의 우주 탐사 기업 스페이스X를 운영하  는 일론 머스크라는 사람은 2050년까지 100만 명을 화성에 살게 할 계획이라고 하는군요.

✳ 그러려면 화성을 지구와 같은 환경으로 바꿔야 합니다. 적당한 온도와 공기, 물이 필요하고, 태양풍을 막아 줄 땅속 건물이나 땅 위 지붕이 필요하죠. 이런 문제를 해결하기 위해 화성의 얼음을 녹이거나, 산소 등 필요한 대기를 지구나 다른 천체에서 가져올 수도 있대요. 또 태양에너지를 사용하거나 온실을 짓자는 등 여러 아이디어가 나오고 있답니다.

✳ 하지만 아직 이렇다 할 구체적인 계획은 나오지 않았어요. 누군가는 화성 이주 계획이 '돈 낭비'라며 아직은 지구에서 발생하는 문제들, 예를 들어 코로나19 같은 질병과 기후 위기 문제를 먼저 해결해야 한다고 말하기도 한답니다. 그렇지만 **신청자1호** 님의 말처럼 도전 없이는 발전도 없지요. 화성 이주 계획은 미차클 여러분이 고민해 볼 만한 아주 흥미로운 주제인 것 같습니다.

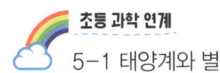

금성으로 이사를 간다면?

금성은 '개밥바라기별', '샛별'이라고도 불렀는데, '개밥바라기별'은 해질 무렵 개가 배고파서 밥을 바랄 때쯤 서쪽에서 뜬다고 해서 붙여진 이름이에요. '샛별'은 새벽에 동쪽 하늘에서 밝게 빛난다는 뜻이고요. 이름을 보더라도 금성은 오래전부터 우리에게 친근한 천체였지요.

사실 과학자들은 화성보다 금성을 더 일찍 탐사해 왔답니다. 지구와 금성이 가까이 있고, 크기와 중력도 비슷했기 때문에 생명체가 살 수 있다고 생각했죠. 하지만 1962년 금성 탐사선 매리너 2호에 의해 금성의 평균 표면 온도가 450도나 된다는 것을 알게 됐어요. 하늘이 두터운 구름으로 뒤덮여 있고, 대기의 96퍼센트를 차지하는 이산화탄소가 태양열을 가두어 온실 효과를 일으키기 때문에 그렇게 뜨거운 거예요.

놀라운 건 금성의 구름 속은 온도가 20도 정도로 사람이 살기에 알맞다는 사실입니다. 그래서 금성에 도시를 짓는다면 공중에 지어야 해요. 열기구 같은 커다란 풍선 같은 형태이거나, 높은 탑을 쌓아 그 위에 건물을 놓는 형태가 되겠죠. 자, 어떤가요? 여러분이 우주로 이사를 한다면 금성과 화성 중 어디를 선택할래요?

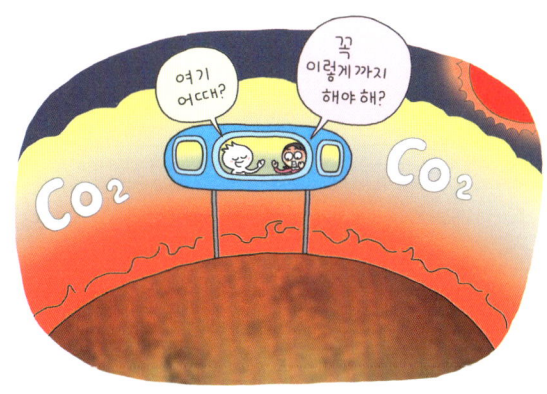

미스터리 의뢰자

디스코팡팡 님

여러분, 지구가 돌고 있는 거 다 알죠? 그래서 낮과 밤이 생긴다고 학교에서 배웠잖아요. 그런데 우리는 왜 안 어지러워요? 저는 놀이공원에 있는 디스코팡팡을 엄청 좋아하거든요. 지구가 도는 걸 느끼면 만날 놀이기구 타는 거 같을 텐데 전혀 못 느끼겠단 말이죠! 지구는 태양 주위도 돌잖아요. 그야말로 이중으로 도는 거라고요! 도대체 쉴 새 없이 빙빙 도는 지구에서 우리는 왜 안 어지러운 거죠?

 미스터리한 댓글 쓰기

 **회전목마** 님 _ 저는 디스코팡팡은 너무 무서워서 못 탄답니다. 대신 어른, 아이 할 거 없이 다 좋아하는 회전목마를 타죠. 저한텐 그것도 어지러워요. 그런데 지구가 정말 돌긴 돌아요? 우리 주변도 늘 그대로이고, 전혀 못 느끼겠어요!

 디스코팡팡 님 _ 큭큭, 돌긴 돌죠! 낮밤이 바뀌는 게 증거라고 하는데, 저도 안 믿겨요! 우주에 나가서 지구가 도는 걸 직접 보면 믿게 될지도 모르죠.

 회전목마 님 _ 할머니가 세상일은 돌고 돈다는데 그거랑은 관련 없겠죠?! ^^;;

 **지구는평평하다** 님 _ 헐, 지구를 중심으로 천체들이 돌죠! 그리고 지구는 둥글지 않고 평평하답니다.

 **디스코팡팡** 님 _ 아직도 이런 분이 있네요. 증거를 대 봐요!

 **지구는평평하다** 님 _ 태양과 별이 동쪽에서 떠서 서쪽으로 지니까 지구를 중심으로 천체들이 도는 거죠. 또 지구가 둥글면 똑바로 못 서 있을 거예요. 축구공 위에 서려고 해도 자꾸 떨어지는 것과 같죠. 그게 증거죠!

 **디스코팡팡** 님 _ 에이, 지구가 서에서 동으로, 그러니까 시계 반대 방향으로 자전하니까 천체들이 반대로 이동하는 것처럼 보이는 거예요. 그리고 우리가 똑바로 잘 서 있는 건 지구 중력이 우리를 꽉 잡아 주기 때문이고요.

91

 **지구는평평하다** 님 _ (흐음, 그래도 지구는 평평하다! -.-;;)

 **백조의호수** 님 _ 빙빙 도는 거로 치면 발레리나인 저만큼 잘하는 사람이 없죠! 저는 회전 연습을 많이 해서 어지럽지 않은 거예요. 지구에서 사람들이 어지럽지 않은 건 지구의 모든 것이 자전축을 중심으로 어떤 흔들림도 없이 함께 돌기 때문이래요.

 디스코팡팡 님 _ 잘 이해가 안 가요…….

 **백조의호수** 님 _ 비행기 타 봤어요? 비행기는 엄청 빠른 속도로 날고 있는데 정작 안에 있는 승객들은 그 속도를 못 느끼잖아요.

 **디스코팡팡** 님 _ 앗, 그렇군요! 우리는 비행기 승객 같은 상태였네요. 그래서 지구가 아무리 빙빙 돌아도 못 느낀 거고요! 대박 신기!

지니의 미스터리 해결

어지러워~

디스코팡팡 님, 놀이기구 타는 걸 즐기시나 봐요! 지구가 도는 걸 느낄 수만 있다면 정말 매일 놀이기구 타는 것 같겠네요! 하지만 전 상상만 해도 속이 울렁거려요. 지구가 쉬지 않고 도는데도, 전혀 어지럽지 않은 게 얼마나 다행인지 모르겠어요. ^^

✱ 우주의 거의 모든 천체는 지구처럼 자전과 공전을 합니다. 자전은 팽이처럼 스스로의 축을 중심으로 도는 거예요. 공전은 한 천체를 중심으로  그 둘레를 다른 천체가 도는 것을 말하죠. 태양계 행성들은 태양을 중심으로 공전하며 스스로 자전한답니다.

✱ 또한 태양계도 우리 은하를 중심으로 공전하며 자전해요. 은하도 마찬가지입니다. 이렇게 우주의 천체들이 공전과 자전을 하는 이유는 무엇일까요? 초기의 항성과 행성들을 잘 뭉쳐지고 부서지는 팽이라고 했을 때, 서로 맞부딪히며 비껴가는 힘에 의해 점차 모양이 잡히며 규칙적인 회전을 하게 되었고, 그 회전이 지금까지 유지되고 있는 것이랍니다.

✱ 지구가 태양을 중심으로 공전하는 데는 1년이 걸리고, 지구가 중심축을 기준으로 자전하는 데는 24시간, 즉 하루가 걸리죠. 이때 **디스코팡팡** 님의 말처럼 밤과 낮이 생기는데, 바로 지구 자전의 증거 중 하나예요.

✱ 지구가 도는 속도는 우리의 상상을 넘어섭니다. 지구의 자전 속도는 어림잡아 시속 1,670킬로미터 정도 돼요. 시속 100킬로미터로 달

리는 자동차보다 약 16배 빠른 속도이고, 시속 900킬로미터로 나는 비행기보다도 훨씬 빠르게 됩니다. 또 지구 공전 속도는 시속 11만 킬로미터나 되고요.

✱ 이렇게 엄청난 속도로 돌고 있는 지구에서 우리는 왜 아무것도 못 느낄까요? 그것은 **백조의호수** 님이 한 말이 맞습니다. 지구 대기와 우리도 함께 돌고 있기 때문에 속도를 느끼지 못하는 것이죠.

✱ 우리는 자동차에서 차창 밖으로 쏜살같이 지나가는 풍경과 덜컹거리는 흔들림으로 대략의 속도를 느낍니다. 만약 흔들림이 없는 자동차나 초고속 열차에서 차창을 닫은 채 고요하게 있어 보세요. 아마 달리고 있다는 걸 깜박 잊을지도 모릅니다. 탈것 안에 있는 모든 것이 함께 이동하기 때문에 변화를 알아차리지 못하는 것입니다.

✱ 지구를 거대한 공 모양의 비행기라 가정해 볼까요? 지구 안에서는 대기라는 차창을 닫은 채 모든 것이 함께 돌고 있어요. 게다가 중력이 흔들림 없이 우리들을 꽉 잡아 주고 있고요. 그래서 우리들은 지구가 도는 엄청난 속도를 느끼지 못하는 거랍니다.

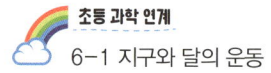

지구는 평평하지 않고 둥글다!

지구는평평하다 님의 말처럼, 사실 옛날 사람들은 지구가 둥글다고 생각하지 않았어요. 우리가 서 있는 땅 자체가 평평하게 보이기 때문이죠. 하지만 지구가 얼마나 큰지 짐작할 수 있었다면, 섣불리 눈에 보이는 작은 땅만으로 지구가 평평하다고 말하지 않았을 겁니다. 자, 지구가 둥글다는 대표적인 증거들을 함께 알아볼까요?

* 인공위성이 찍어 보내 온 지구의 사진이 둥글다.

* 바다에서 수평선 너머 항구로 들어오는 배는 꼭대기에 있는 돛대부터 보이다가 점차 몸체가 나타난다. 지구가 평평하다면 배 전체가 작게 보였다가 점점 크게 보일 것이다.

* 월식 때 달에 비친 지구 그림자가 둥글게 보인다.(월식은 태양-지구-달의 위치에 있을 때 달이 지구 그림자에 일부나 전체가 가려지는 현상이다.)

* 포르투갈의 탐험가 마젤란이 탄 배가 한 방향으로만 항해해 제자리로 돌아왔다. 지구가 평평하다면 같은 자리로 다시 돌아올 수가 없다.

이외에도 지구가 둥글다는 증거는 많습니다. 그렇다면 왜 지구는 이렇게 둥근 공 모양을 하고 있을까요? 사실 우주의 항성과 행성들은 대부분 둥근 공 모양을 하고 있습니다. 천체의 중력이 중심에서부터 모든 방향으로 고르게 작용해 결국 둥근 공 모양으로 물질이 모였기 때문이랍니다.

미스터리 의뢰자

지구지킴이 님

안녕하세요. 저는 열 살이고 지구를 너무 사랑해서 지구 지킴이 활동을 하고 있어요. 혹시 매년 4월 22일이 '지구의 날'인 거 알고 있나요? 환경 오염으로 지구의 온도가 점점 올라가서 지구의 생명체들이 힘겨워하고 있다는 사실도 알고 있지요? 저는 태양계에서 유일하게 생명이 사는 지구가 정말 좋아요. 그런데 지구에만 어떻게 생명체가 살게 된 걸까요? 그 이유를 알면 지구를 더 소중히 여기게 되지 않을까요?

 **내고향금성** 님 _ 원래 금성은 지구처럼 생명체가 살기 좋은 행성이었어요. 그런데 지금의 지구인들처럼 금성인들이 금성을 마구 오염시켜 결국 너무 뜨거운 행성으로 만들어 버렸지요. 우리 금성인은 탈출을 결심했고 지구에 모여 살고 있어요.

 지구지킴이 님 _ 헐, 금성이 살기 좋았다고요? **내고향금성** 님 거짓말 킹왕짱~~!

 내고향금성 님 _ 내 금성 칠월은 블루베리가 익어 가는 고향, 이 마을 전설이 주저리주저리 열리고~. 혹시 이 시 몰라요?

 지구지킴이 님 _ 헐, 이육사 님의 〈청포도〉라는 시랑 비슷한데요. ㅠㅠ

 내고향금성 님 _ 들켰네! **지구지킴이** 님 상식 킹왕짱~!!

 **화성식민지** 님 _ **내고향금성** 님, 왜 이러세요! 지구는 화성인이 우주 항해를 통해 발견한 식민지입니다. 생명체 하나 없는 척박한 지구를 우리가 이만큼 일구었죠!

 지구지킴이 님 _ 에휴, 이젠 놀랍지도 않아요. 장난은 그만하고, 누가 과학적으로 댓글 좀 달아 주세요!

 **화성식민지** 님 _ 제가 지금 쓰고 있는 소설 내용이었는데, 별로예요?

지구지킴이 님 _ 완전 별로!!! -_-;;

 **복덩이지구** 님 _ 지구에 생명체가 살게 된 건 태양과의 적당한 거리 때문이래요. 태양-수성-금성-지구-화성 순서만 봤을 때, 태양과 가까운 수성과 금성은 너무 뜨겁고, 태양과 비교적 멀리 있는 화성은 너무 춥잖아요. 하지만 지구는 태양과 딱 적당한 거리를 유지하고 있대요!

 지구지킴이 님 _ 지구와 태양과의 거리는 정말 절묘하네요!

 황금기울기 님 _ 지구의 자전축이 23.5도 기울어져 있는 것도 생명체가 살기에 유리한 조건을 만들어요. 태양빛과 역시 절묘한 각도를 만들거든요. 그래서 사계절이 생기고 생물 종류도 다양해지고요!

 지구지킴이 님 _ 와우! 지구는 정말 행운의 주인공이네요! @.@

 **달때문이야** 님 _ 지구의 위성인 달도 큰 역할을 해요. 달이 지구를 끌어당기는 힘 때문에 지구의 자전축이 계속 기울어져 유지되는 거래요. 또 그 힘 때문에 바다에 밀물과 썰물이 생겨 바닷속에 산소도 많게 하고, 오염도 없애 주고요.

 지구지킴이 님 _ 달도 그렇게 큰 역할을 하는지 몰랐어요! 거의 모든 조건들이 지구에 생명체가 살게끔 도와주는 것 같아요!

지니의 미스터리 해결

지구지킴이 님이 아니었다면 저는 '지구의 날'이 있다는 것도 몰랐을 거예요. 제가 사는 사막도 지구 온난화로 점점 면적이 확대되고 있어요. 저도 오늘부터 지구 지킴이 활동을 더 열심히 하려고요! 태양계에서 유일하게 생명이 존재하는 지구를 우리 손으로 지키자고요!

* **복덩이지구** 님, **황금기울기** 님, **달때문이야** 님의 말처럼, 지구에 생명체가 살게 된 건 태양과의 적절한 거리, 기울어진 자전축, 달의 인력 때문이랍니다. 이 모든 것이 정말 우연히 발생했고, 그 우연이 행운으로 작용해 생명체가 지구에 살게 된 거예요.

* 46억 년 전 태양이 먼저 생겨났고, 그때 만들어진 가스와 먼지들이 뭉쳐 지구가 태어났죠. 지구는 또다시 소행성이나 혜성들과 부딪히며 그 잔해들과 합쳐져 점점 몸집을 키웠습니다. 이때 지구는 화산 활동이 활발해 생명체가 살 수 없었답니다.

✱ 그러다가 태양계에 떠도는 소행성과 혜성들이 점차 줄어들었고, 용암이 들끓던 지구는 점차 식어 갔어요. 그리고 비가 내리기 시작했죠. 비는 지구를 더 차갑게 식히고 바다를 만들었어요. 드디어 온화한 기온과 물 덕분에 생명체가 살게 되었답니다.

✱ 지구의 자전축은 지구 생성 시기 초반에 소행성과 충돌해서 또는 다른 행성의 중력 때문에 기울어졌다는 가설이 있어요. 만약 지금의 자전축 기울기인 23.5도가 흔들린다면 지구의 기온은 사람이 살 수 없을 정도로 들쑥날쑥해진다고 해요.

✱ 또한 달의 인력이 없었다면 23.5도의 기울기를 유지할 수 없었을 거라고 해요. 달도 지구와 어떤 천체가 충돌하며 생겨났다는 가설이 있는데, 이게 사실이라면 우연의 연속이 지구에 행운을 가져온 거랍니다.

✱ 달의 인력이 지구의 바닷물을 끌어당겨 밀물을 만들고 지구와 멀어질 때 썰물을 만드는 것도 지구 생태계를 다양하게 만드는 데 아주 큰 역할을 했다고 합니다. 물론 생명이 존재하는 데 가장 기본으로 필요한 태양 에너지가 없다면 이 모든 우연은 소용이 없었겠죠. 자, 이쯤 되면 지구가 얼마나 운이 좋은 행성인지 알 수 있겠죠?

초등 과학 연계
3-1 지구의 모습 · 6-1 지구와 달의 운동

지구의 자기장이 사라진다면?!

지구라는 행성에 생명체가 사는 것은 자기장 덕분이기도 합니다. 지구는 커다란 자석이란 사실 알고 있지요? 지구 자전축과 연결되는 북극과 남극에서 커다란 자기장이 흐르고 있답니다.

지구 속은 지각(암석), 맨틀(말랑거리는 고체 상태), 외핵(고온의 액체 상태), 내핵(고온의 고체 상태)으로 이루어져 있는데, 자기장은 '금속 액체'로 된 지구의 외핵에서 전기를 띤 입자들이 대류하면서 만들어진다고 해요. 이러한 자기장은 지구 대기층을 지켜 주며 태양풍에서 날아오는 방사선 등 생명체에 해로운 물질들을 막아 준답니다.

그런데 만약 이 자기장이 사라진다면 지구에는 어떤 일이 벌어질까요? 우선 전기를 에너지로 사용하는 제품과 장치들이 고장 납니다. 내리치는 번개가 도시와 자연을 파괴하고, 자기장으로 방향을 아는 새를 비롯해 동물들이 우왕좌왕 길을 잃을 거예요. 그리고 자기장이 지켜 주던 대기층이 파괴되며 지구의 산소가 밖으로 빠져나가게 됩니다. 강력한 자외선이 그대로 침투되어 사람들은 우주복을 입어야 밖으로 나갈 수 있고요. 그러다가 결국 지구는 한때 자기장이 존재하다 사라진 화성처럼 황폐해진다고 하는군요.

하지만 너무 걱정하지 마세요. 지구의 외핵이 차갑게 굳을 일은 앞으로 수십만 년 안에는 없을 테니까요! 하지만 지구 자기장의 소중함은 깨닫고 있어야 겠죠?!

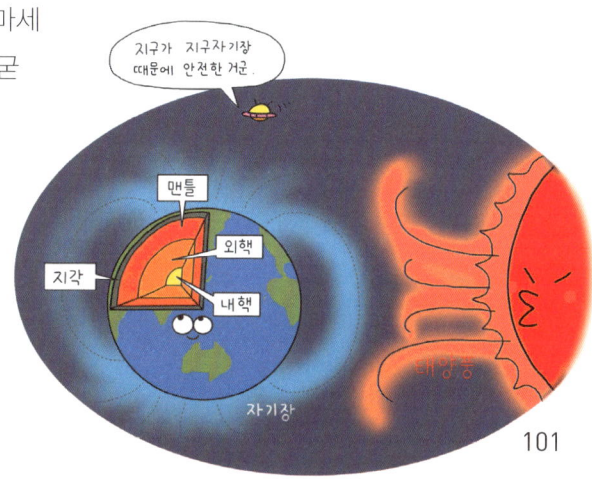

달은 왜 날마다 모양이 변해요?

고무줄몸무게 님

닉네임이 제 얘기냐고요? NO! 우리 아빠 얘기예요. 365일 다이어트 중인 아빠는 열심히 살을 빼면 배가 초승달처럼 홀쭉해진답니다. 그러다가 다시 마구 먹기 시작하면서 배가 불룩한 반달이 됐다가 결국 남산만 한 보름달이 돼요. 전보다 살이 더 찌는 '요요 현상'이 온 거죠! 그러면 또 다이어트를 시작해요. 이런 우리 아빠 배는 꼭 달이 변하는 것 같아요! 그러고 보니, 달은 왜 날마다 모양이 변하는 걸까요? 달도 다이어트 하나?

이 호기심 어떤가요? 수상해요 / 걱정돼요 / 궁금해요 / 졸려요

달먹깨비 님 _ 달에 뭐든지 먹어 치우는 '괴생명체'가 사는 거 아닐까요? 녀석이 날마다 야금야금 달을 갉아 먹는 거죠!

고무줄몸무게 님 _ 그럼 달이 점점 보름달로 다시 채워지는 건 왜 그런 거죠?

달먹깨비 님 _ 달은 재생 능력이 뛰어난 생물 그 자체일지 몰라요. 괴생명체가 먹어 치운 부분의 세포들이 다시 자라나는 거 아닐까요?

고무줄몸무게 님 _ 에이~, 달 탐사하는 우주인들이 찍은 사진 보면 그냥 흙먼지만 날리던데요, 뭐!

달로봇썰 님 _ 이건 어느 영화에서 나온 얘긴데요. 달은 위성인 척 꾸며 놓은 기계, 그러니까 로봇이라는 소문이 있어요!

고무줄몸무게 님 _ 로봇이라고요? 누가 왜 만들었어요?

달로봇썰 님 _ 아주 먼 은하에서 온 외계인들이 지구를 엿보기 위해 만든 거래요. 달이 날마다 모양이 변하는 건 외계인에게 보내는 신호 아닐까요?

고무줄몸무게 님 _ 뭔가 오싹한 소문이네요!

초승달눈썹 님 _ 제가 달에 대해 좀 알아요. 제 눈썹이 초승달이랑 꼭 닮았거든요. (미인이란 얘기죠! 헤헤!) 아무튼 달 모양이 바뀌는 건, 달이 태양 빛을 받으며 지구를 공전하기 때문이에요.

 **고무줄몸무게** 님 _ 달도 지구 주위를 도는지 몰랐어요. (눈썹이 초승달 모양이면 미인인지도 몰랐음! 히히!)

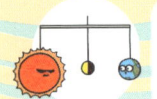 **태양-달-지구** 님 _ 달은 항성이 아니니까 스스로 빛나지 못해요. 태양 빛을 반사시켜 빛나는 거죠. 만약 달이 태양과 지구 사이에 일직선으로 있으면 밤에도 보이지가 않아요. 태양 빛을 받은 달의 면은 지구 반대편을 향하고 있으니까요.

 **고무줄몸무게** 님 _ 알 것 같기도 하고 아닌 것 같기도 하고. 그림으로 설명해 주시면 안 될까요?

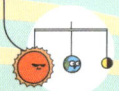 **태양-지구-달** 님 _ 제 달라진 닉네임 그림을 좀 보세요. 태양, 지구, 달 순으로 있으면 지구에선 달이 꽉 찬 보름달로 보이죠? 이래도 모르겠어요? **지니** 님~~! 도와줘요!

지니의 미스터리 해결

고무줄몸무게 님, 아빠께서 먹는 것도 좋아하는데 날씬한 몸매도 원하시나 봐요. 왠지 저도 찔리네요! ㅠㅠ 아무튼 매일 밤, 달을 관찰하는 일은 꽤 재미있답니다! 달은 약 한 달을 주기로 날마다 모양이 조금씩 변하죠. 자, 달의 모양 변화에 관해 함께 알아봐요!

✻ **태양-달-지구** 님의 말처럼 달은 스스로 빛을 내지 못합니다. 스스로 빛을 내는 항성(별) 이외의 천체들은 태양 빛을 받아 반사하기 때문에 우리 눈에 빛나는 것처럼 보인답니다. 게다가 달은 지구와 가장 가까이 있는 천체이기 때문에 실제로는 지구의 4분의 1 크기인데도 우리한테는 태양처럼 크게 보이죠.

✻ **초승달눈썹** 님의 말처럼, 지구가 태양 주위를 1년에 걸쳐 공전하는 것과 마찬가지로 달은 지구 주위를 약 한 달에 걸쳐 돌아요. 그 기간 동안 달의 위치에 따라 태양 빛을 받는 곳이 달라져요. 만약 태양 빛이 지구와 마주 보고 있는 달 앞부분을 모두 비추고 있다면 우리한테는 쟁반같이 둥근 '보름달'로 보인답니다.

✻ 그러던 달이 시계 반대 방향으로 지구를 돌게 되면 달의 왼쪽 부분에만 태양 빛을 받게 되어 '하현달'이 됩니다. 그리고 점점 태양 빛을 받는 각도가 달라지면서 달의 왼쪽 가장자리만 보이는 '그믐달'이 되지요.

✻ 그러다가 **태양-달-지구** 님의 말처럼, 달이 태양과 지구 사이에 한 방향으로 곧게 위치하게 되었을 때는 빛을 받는 부분이 지구 반대편에 있게 되어 아예 보이지 않습니다. 이런 달은 '삭'이라고 해요. 그리

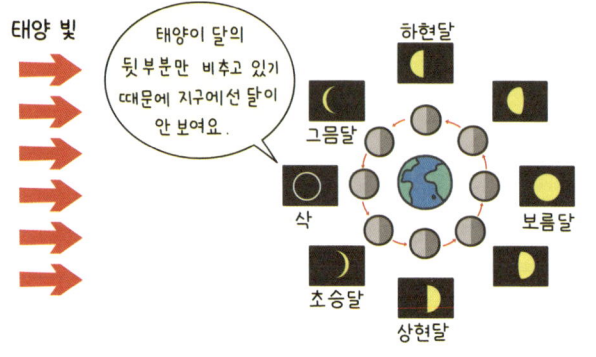

고 점점 오른쪽 가장자리가 보이는 '초승달'이 된답니다.

✻ 초승달은 달의 오른쪽만 보이는 '상현달'이 되고요. 상현달은 점점 차올라 다시 '보름달'이 됩니다. 이렇게 보름달에서 다시 보름달이 되기까지는 한 달이라는 시간이 걸려요. 어떤가요? 밤하늘의 달을 관찰해 보고 싶지 않나요?

✻ **달먹깨비** 님, 지구인들의 달 탐사에서 생명체는 발견되지 않았어요. 하지만 옛날에는 달의 얼룩덜룩한 무늬를 보고 우리나라 사람들은 계수나무 아래서 토끼가 방아를 찧는다고 생각했죠. 아프리카에선 그 무늬를 두꺼비라고 생각했고요.

✻ 그런데 달 표면에 보이는 거무스름한 무늬는 실제로는 운석과 충돌해 움푹하게 파인 곳이라고 해요. 이런 곳을 '크레이터'라고 하는데, 과학자들이 '고요의 바다', '비의 바다', '얼음의 바다' 등으로 이름을 붙였답니다.

달 모양에 따른 음력 달력!

여러분 생일이 언제인가요? 요즘에는 양력 날짜로 생일을 쇠는 사람이 더 많지만 여러분의 부모님들은 주로 생일을 음력 날짜로 쇠고는 했답니다. 그리고 설이나 추석(한가위) 같은 우리의 전통 명절은 여전히 '음력'으로 쇠고 있고요.

'양력'은 지구가 태양을 한 바퀴 도는 일 년을 기준으로 날짜를 세는 방법이고, '음력'은 달이 지구를 한 바퀴 도는 한 달을 기준으로 일 년의 날짜를 세는 방법이랍니다. 양력 달력을 자세히 보면 작은 글씨로 음력 날짜도 같이 적혀 있어요.

음력에서 매달 첫 날은 우리 눈에 달이 안 보입니다. 달의 모양이 '삭'이 되는 날이죠. 그리고 점점 오른쪽 가장자리부터 보이기 시작해 음력 3일쯤이 되면 초승달, 음력 8일쯤이 되면 상현달, 음력 15일쯤엔 보름달, 음력 22일쯤엔 하현달, 음력 27일이 되면 그믐달이 된답니다.

만약 달력에서 음력 날짜가 15일이 되는 날이면 하늘에는 어떤 달 모양이 보일까요? 맞아요! 보름달이에요! 그래서 추석에는 매년 보름달이 뜬답니다. 추석은 음력 8월 15일이거든요! ^^

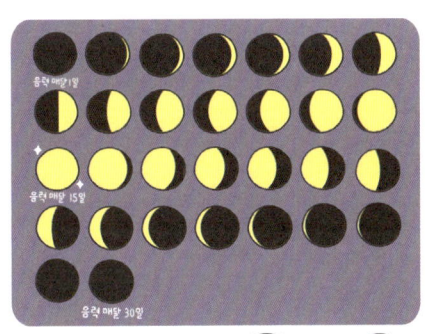

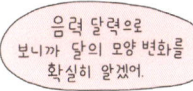
음력 달력으로 보니까 달의 모양 변화를 확실히 알겠어.

맞아, 음력으로 매달 15일에 보름달이 뜨는구나.

달이 태양을 가릴 때가 있다고요?

달과 태양의 마술쇼~
개봉박두!!

부분일식 개기일식 해

미스터리 의뢰자

꼬마마술사 님

　모자에서 비둘기가 나오고, 지팡이가 갑자기 날아다니고, 사람이 둥둥 뜨고……! 마술 이야기입니다. 마술은 제 가슴을 언제나 뛰게 만들죠! 마술을 하려면 조수, 연기자 등이 서로 자연스럽게 조화를 이루어야 합니다. 그런데 달과 지구와 태양도 서로 조화를 이루며 마술을 부린다는 걸 알았어요. 바로 '일식'이라는 깜짝 마술이죠! 어떻게 그 작은 달이 엄청나게 큰 태양을 가릴 수 있는 걸까요? 이거야말로 진짜 마술 아닌가요?

이 호기심 어떤가요?

겁나요　놀라워요　수상해요　엉뚱해요

사진놀이 님 _ 혹시 그거 사진으로 놀이하는 거 아니에요? 손바닥 위에 사람을 올린 것처럼 찍은 사진들 있잖아요. 무슨 합성 사진 같기도 하지만 실제로는 사람이 아주 멀리 있어서 작게 보였던 거죠!

꼬마마술사 님 _ 아, 멀리 있는 건 작게 보이고 가까이 있는 건 크게 보이는 원근감을 이용한 사진 놀이 말이죠?

사진놀이 님 _ 맞아요! 착시 사진 놀이라고도 해요. 우리 눈이 실제 현상을 착각해서 보는 거요!

꼬마마술사 님 _ 대박! 일식에 그런 비밀이! 착시 현상은 마술에서도 많이 사용하죠!

귀막힌사람 님 _ ㅋㅋ 마술 그거 다 쇼라고 하던데! 사기꾼들이 돈 벌려고 사람들을 속이는 거라고! 순진한 미차클 어린이들한테 또 무슨 거짓말을 하는 겁니까? 뭐 태양이랑 지구랑 달이랑 우주 쇼라도 벌인다는 겁니까? 아이고, 기가 막히는구만!

꼬마마술사 님 _ 이보오, 마술이 속임수라는 걸 모르는 사람도 있나요? 쇼 맞고요! 그 속임수 쇼를 통해 사람들은 놀라운 환상을 보며 재미있어 하는 거라고요!

귀막힌사람 님 _ 뭐라고요? 안 들리는데요? 어디서 모기가 앵앵거리네!

꼬마마술사 님 _ 헐, 어이없어! **지니** 님! 이 사람, 신고합니다!

*** 귀막힌사람 님, 다른 사람의 이야기를 귀담아들어 주세요.
또다시 자기주장만 펼치면 글쓰기 권한이 박탈됩니다. *******

인간챗봇 님 _ 일식은 평생 한 번 볼까 말까 한 천체들의 환상적인 우주 쇼가 맞습니다! 우리가 엄지손가락을 들어 달을 가릴 수 있는 거와 비슷한 원리예요! 달은 태양보다 훨씬 작지만 그만큼 태양은 아주 멀리 떨어져 있어서 크기가 비슷해 보이는 거죠.

꼬마마술사 님 _ 역시 그런 이유였군요! 고마워요! 그런데 챗봇이 뭐예요?

인간챗봇 님 _ 사람과 대화하듯 채팅창을 통해 정보를 주거나 문제를 해결하는 컴퓨터의 인공 지능 시스템을 챗봇이라고 합니다. 그런데 전 사람이에요. 그만큼 제가 똑똑하다는 소리랍니다! 부끄~!

꼬마마술사 님 _ 어려운 말 나와서 순간 긴장했잖아요! ^^;;

지니의 미스터리 해결

꼬마마술사 님, 저도 마술을 좋아합니다. 저는 주전자만 한 작은 램프에 몸을 구겨 넣었다가 다시 나오는 마술을 할 수 있죠! ^^;; 일식은 아주 짧은 시간 안에 낮과 밤의 변화를 체험할 수 있답니다. 제 평생 딱 한 번 봤는데, 운이 아주 좋았어요! 그 신비로움이란!! @.@

낮이 밤이 되는 마술쇼!

잘못 본거 아냐?

✳︎ 일식은 태양-달-지구가 한 줄로 나란히 위치했을 때 달이 태양을 가리는 것을 말해요. 그런데 이상하죠? 지구보다 작은 달이

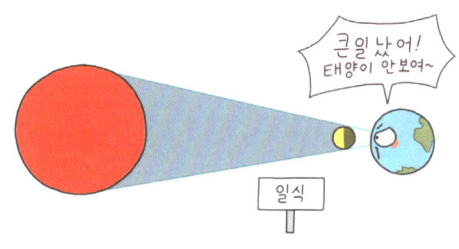

태양계에서 가장 큰 해를 가리니까요. 그건 **사진놀이** 님과 **인간챗봇** 님의 말처럼 지구와 달의 거리보다 지구와 태양 간의 거리가 훨씬 멀리 떨어져 있기 때문이랍니다.

✳︎ 실제로 태양은 달보다 약 400배 큰데, 지구와 태양의 거리는 지구에서 달까지 거리의 400배나 됩니다. 그래서 지구에서는 태양과 달의 크기가 비슷하게 보이죠. 일식이 일어나면 낮이 밤처럼 한순간 어두워집니다. 달이 태양을 완벽히 가리면 개기일식, 일부분만 가리면 부분일식, 달이 태양을 다 못 가려 태양의 가장자리가 반지처럼 빛나 보이면 금환일식이라고 해요.

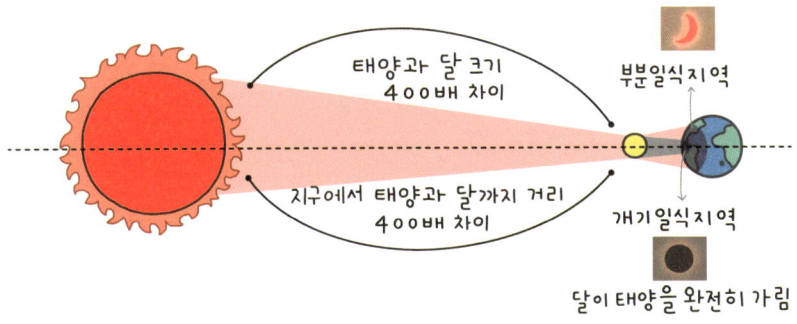

✷ 일식은 태양-달-지구 순으로 놓여 달이 삭 또는 그믐이 될 때 발생하지만 매번 그렇지는 않습니다. 오히려 평생 한 번 보기도 어려울 정도죠. 달의 지구 공전 궤도와 지구의 태양 공전 궤도가 5도 정도 차이가 나서 정확히 일직선으로 놓이는 일이 드물기 때문이랍니다.

✷ 지구에선 개기일식이 18개월마다 관찰되긴 하지만 어떤 한 장소에서는 약 370년에 한 번 꼴로 볼 수 있다고 해요. 게다가 개기일식은 길어야 15분 정도, 짧으면 1분가량 볼 수 있어요. 우리나라에서는 1887년에 마지막 개기일식이 있었고, 앞으로는 2035년 9월 2일, 2063년 8월 24일에 볼 수 있답니다!

✷ 또 다른 천문 현상인 '월식'은 태양-지구-달의 순서로 있을 때 태양 빛에 의해 생긴 지구 그림자가 일시적으로 달을 가리는 현상입니다. 이때는 달이 붉은 색으로 보여 '블러드문(blood moon)'이라고 부르기도 해요. 이 현상은 태양 빛 중 붉은 빛의 파장이 달까지 길게 닿기 때문이랍니다. 그래서 붉게 보이는 거죠.

✷ 개기월식은 개기일식보다 자주 발생하고 100분 정도 볼 수 있으며, 밤이 된 지구 어디서나 볼 수 있어요.

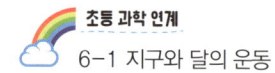

달은 어떻게 탄생했을까?

　달은 우리와 가장 친근한 천체라고 할 수 있어요. 밀물과 썰물을 일으켜 지구의 바다를 풍요롭게 만들었고, 우주 탐험의 첫발을 내딛게 허락한 최초의 천체가 되어 주었죠. 때로는 한가위 보름달을 보며 소원을 빌기도 하고, 방아 찧는 토끼가 사는 상상 속 세상이 되기도 합니다. 그런 달은 과연 어떻게 탄생했을까요?

　현재 달의 탄생은 동시 탄생설, 분리설, 포획설, 충돌설 등으로 설명하고 있습니다. 동시 탄생설은 지구와 비슷한 시기에 달도 탄생했다는 가설이에요. 분리설은 지구가 먼저 탄생하고, 초기 지구의 빠른 자전으로 인한 원심력 때문에 태평양 부분이 떨어져 나가 달이 됐다는 가설이고요. 포획설은 지구와 달이 각기 다른 이유로 만들어진 후 지구의 큰 중력 때문에 주위를 지나던 달이 붙잡혀 지구 주위를 돌게 됐다는 가설이죠.

　그중 충돌설이 과학자들에게 가장 인정을 받고 있습니다. 지구가 태어난 지 얼마 안 된 45억 년 전 무렵, 화성만 한 크기의 천체가 지구에 충돌해 아직 단단히 굳지 않은 지구의 일부분이 떨어져 나가 달이 되었다는 학설이에요. 달 탐사 때 가져온 '월석'의 성분 분석으로 달의 구성 성분이 지구의 것과 비슷하다는 결과도 나왔었죠. 달의 엄마가 지구일 확률이 높은 거죠! ^^

거대한 로켓은 어떻게 우주로 날아가요?

미스터리 의뢰자
발사10초전 님

　며칠 전 우리나라가 누리호라는 로켓을 직접 만들어 우주로 발사하는 장면을 생방송으로 봤어요! "10, 9, 8 …… 2, 1, 0 발사!" 숫자를 거꾸로 세어 가는데 로켓을 만든 과학자들의 떨리는 심정을 알겠더라고요. 그런데 그거 알아요? 누리호 무게가 200톤이나 된대요! 도대체 로켓은 어떻게 우주로 날아가는 걸까요? "누리호 발사 성공!" 뉴스에 자막이 떴어요! 거대한 로켓을 우주로 쏘아 올리다니 정말 대단해요!

발사일주일전 님 _ 저는 발사 일주일 전부터 떨려서 잠도 잘 안 왔답니다. 발사 당일 날씨가 좋아야 할 텐데, 로켓을 발사대에 잘 세워야 할 텐데, 작은 부품 하나하나 다시 점검해 봐야 할 텐데 하면서요. ㅠㅠ

발사10초전 님 _ 정말요? 로켓에 대해 관심이 많은가 봐요. 저는 발사하는 것도 하루 전에야 알았답니다. ^^;; 그래도 너무 걱정이 많은 거 아니에요?

발사일주일전 님 _ 미국의 챌린저호는 작은 고무 링 하나 때문에 발사 73초 만에 공중에서 폭발했답니다. 우주인 7명이 안타깝게도 목숨을 잃었고요.

발사10초전 님 _ 헉! 누리호를 만든 과학자들도 얼마나 숨죽이며 지켜봤을지 이해가 가요!

3단로켓 님 _ 로켓 무게의 대부분은 연료 무게라고 들었어요. 그러니까 로켓에 장착해 우주로 보내려는 인공위성이나 우주 탐사선보다 그걸 쏘아 올리는 데 필요한 엔진이나 연료 저장고 같은 게 훨씬 크고 여러 개 필요하죠.

발사10초전 님 _ 아하! 그런데 로켓이 날아가다가 하나씩 분리해 공중에서 떨어뜨리는 건 왜 그래요?

3단로켓 님 _ 무게를 조금이라도 줄여야 더 잘 날아가니까요. 연료를 다 태운 1단 로켓부터 차례로 2단, 3단까지 모두 떨어뜨린답니다.

 **발사10초전** 님 _ 왠지 버려지는 로켓이 아까워요. 나만 그런 생각함?

 **작용반작용** 님 _ 비행기가 커다란 날개로 공기의 흐름을 타고 나는 거 아시죠? 그런데 로켓은 위로만 길쭉해요. 요즘 만들어지는 건 날개가 전혀 없고요. 대신 높은 온도와 높은 압력으로 내뿜는 가스가 로켓을 위로 들어 올리죠. 그 힘으로 우주로 날아가는 거랍니다. 그게 힘을 준 방향의 반대 방향으로도 똑같은 힘이 주어지는 작용과 반작용의 원리를 이용한 거예요!

 **발사10초전** 님 _ 오호라! 풍선에 바람을 잔뜩 넣고 입구를 묶지 않고 놓아 버리면 "푸슝!" 하고 날아가는 것처럼요?

 작용반작용 님 _ 맞아요! 노를 젓는 방향과 반대 방향으로 배가 나아가는 것도 같은 원리랍니다.

지니의 미스터리 해결

발사10초전 님, 누리호 발사 성공 영상을 생방송으로 봤나 봐요. 저도 그 방송을 보고 "대한 우주 발사체 독립 만세!"를 외쳤답니다. 하늘로 통쾌하게 쏘아 올린 누리호를 보며 가슴이 뻥 뚫리는 것 같았지요. 또 과학자들의 숨은 노력이 떠올라 괜스레 눈시울도 뜨거워졌답니다!

✳︎ 누리호는 한국 항공 우주 연구원(KARI)이 2022년 순수 우리 기술만으로 개발한 발사체(로켓 장치)입니다. 지구 상공 600~800킬로미터의 궤도에 1.5톤 무게의 위성을 발사해 올려놓을 수 있는 3단형 로켓이지요.

✳︎ 우리나라는 누리호 발사 성공 덕분에 세계에서 1톤 이상의 위성을 쏘아 올릴 수 있는 일곱 번째 나라가 되었습니다. 전 세계에 200여 개국이 있는데 그중 겨우 일곱 나라(러시아, 미국, 유럽, 중국, 일본, 인도, 대한민국)만이 1톤 이상의 위성을 쏘아 올릴 수 있었던 거예요. 그만큼 로켓을 만드는 일은 어려우니까요. 그 기술은 국가 특급 기밀이기도 하답니다.

✳︎ **3단로켓** 님의 말대로 로켓의 무게는 연료가 대부분을 차지합니다. 고온, 고압의 가스를 뿜어내기 위해 누리호만 해도 180톤가량의 연료가 쓰였답니다. 그런데 길이는 아파트 15층 높이지만, 연료를 싣는 탱크의 벽은 두께가 2~3밀리미터밖에 안 됩니다. 연료의 무게를 견디면서도 최대한 가볍게 만들어야 하는 어려움이 있지요.

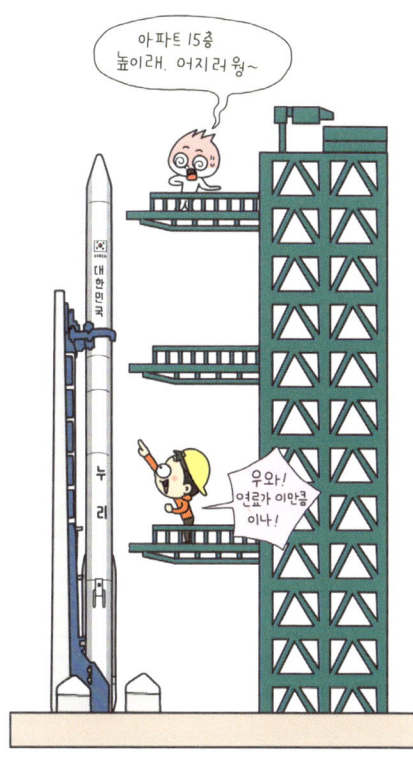

✽ 1단 엔진이 힘을 다하면 무게를 줄이기 위해 연료 탱크와 함께 분리되고, 2단 엔진과 3단 엔진도 차례로 점화하며 분리됩니다. 분리된 엔진과 탱크는 대기 중에서 타 없어지거나 바다로 떨어집니다. 그리고 위성은 궤도에 안착하게 되지요.

✽ 이 모든 일은 **작용반작용** 님의 말처럼 작용과 반작용의 원리를 이용한 것입니다. A가 B에 힘을 주면 그만큼을 똑같이 A도 B에게서 힘을 받는다는 원리입니다. **발사10초전** 님의 말처럼 고무풍선을 놓을 때 공기가 나오는 힘만큼 풍선을 날아가게 하는 게 작용 반작용의 원리에 해당합니다.

✽ 우리가 땅 위를 걷는 것도 발이 땅을 뒤로 미는 힘이 반대로 작용해 발이 앞으로 나아가는 것이랍니다. 화살을 쏘는 원리도 같답니다. 화살을 뒤로 당기는 힘이 화살을 앞으로 날아가게 하죠. 우주로 거대한 몸체의 로켓을 쏘아 올리는 것도 이 원리를 이용한 것이랍니다.

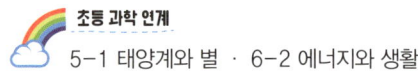

우주 엘리베이터는 개발 중!

누리호를 만들기 위해서 약 300개의 우리 산업체가 '한국 항공 우주 연구원'과 함께 엔진은 물론 약 37만 개의 부품들을 만들어 냈습니다. 로켓 한 대를 만들기 위해서는 이렇게 다양한 부품과 기술이 필요하지요. 당연히 엄청난 돈이 들고요. 그래서 과학자들은 비용을 줄이기 위해 여러 아이디어들을 내고 있답니다.

그중 우주 왕복선이 있었는데, 미국이 만든 컬럼비아호, 디스커버리호 등이 대표적입니다. 우주 왕복선은 연료 탱크만 교체해 다시 쓸 수 있었는데, 마치 여객기처럼 우주인들과 여러 거대한 화물도 실을 수 있었어요. 우주 왕복선 덕분에 우주 정거장을 만들고 인공위성을 수리했죠. 하지만 몇 번의 사고와 함께 역시 경제적인 문제로 더 이상 사용하지 않게 됐어요.

대신 미국 민간 우주 기업인 '스페이스X'가 '펠컨9'이라는 '재사용 로켓' 개발에 성공해, 여러 탐사선과 인공위성을 궤도에 안착시키고 무사히 지구로 돌아오는 데 성공했어요. 또한 일본의 건설회사에서 처음 주장한 '우주 엘리베이터'도 개발 중에 있답니다. 사람과 짐을 우주로 보내기 위해 천문학적인 돈을 들여 로켓을 쏘는 대신, 빌딩의 엘리베이터처럼 지상과 우주를 케이블로 연결해 손쉽게 우주로 나아가게 하자는 생각이지요.

개발에 성공하면 일반인들의 우주여행은 더욱 안전해지고 값싸지며, 일상적인 관광 코스가 될 수 있답니다! 언제 개발에 성공할지 두근두근 기대가 되는군요!

국제 우주 정거장에선 뭘 해요?

미스터리 의뢰자
은하철도999 님

"기차가 어둠을 헤치고 은~하수를 건너면~ 우~주정거장에 햇빛이 쏟아지네~." 혹시 이 노래 알아요? 우리 선생님이 자주 흥얼거리는 노래인데, 옛날에 텔레비전에서 방영하던 만화 주제가래요. 우주에 정말 기차나 우주 정거장이 있냐고 여쭤 보니 선생님께서 말씀하시길 기차는 없고, 국제 우주 정거장은 정말 있대요. 정거장은 버스나 기차가 손님들을 싣고 내려 주는 곳이잖아요. 그럼 국제 우주 정거장은 도대체 뭘 하는 곳일까요?

방탈출 님 _ 제 생각엔 우주인들이 지구를 떠나 있으면 많이 외롭고 심심할 거 같아요. 그래서 방 탈출 게임 같은 걸 하는 거죠. 실제로 우주 정거장이 엄청 복잡하게 생겼던데 방 탈출 게임을 하려면 미션 해결이 꽤 어려울 거예요. 어때요, 제 생각이?

은하철도999 님 _ 우주인들이 우주에 나가서 임무 수행은 안 하고 방 탈출 게임을 한다고요? 킥킥! 무중력 상태에서 하면 더 재밌긴 하겠네요!

파티타임 님 _ 우주에 나가면 가족과 친구들이 그립고 지구가 그리워 우울증에 걸릴지도 몰라요. 그러니까 게임과 파티는 꼭 해야겠죠? 저 같으면 파티를 매일 열 것 같아요.

은하철도999 님 _ 국제 우주 정거장 사진을 봤는데 휘황찬란하고 복잡하게 생긴 것이 반짝반짝하던데요. 뭐 파티장처럼 볼 수도 있겠지만 그래도 설마 놀기만 하려고 정거장을 지었을까요? ^^;;

차표한장 님 _ 우리 할아버지가 자주 부르는 노래가 있습니다. "차표 한 장 손에 쥐고 떠나야 하네 / 너는 상행선 나는 하행선" 뭐 이런 노래입니다. 국제 우주 정거장은 터미널 같은 곳 아닐까요? 가까이는 달로 가는 차표를 끊고, 멀리는 안드로메다 은하까지 가는 차표를 끊고. 아무튼 우주에서도 차표가 있어야 하니까요!

은하철도999 님 _ 아하하하! 저도 그 노래 잘 알아요. 그런데 국가에서 우주인들을 보내는 거 아닌가요? 연구나 탐사를

하려고요. 우주인들한테 월급을 주면 줬지 차표를 사라고 하진 않을 거 같아요.

차표한장 님 _ 흠, 그럴까요? 하지만 두고 보십쇼! 나중에 우주여행이 본격화되면 너도나도 차표를 사려고 해서, 국제 우주 정거장이 인천 공항만큼 북적일 겁니다!

인간챗봇 님 _ 국제 우주 정거장은 총 16개국이 참여해 약 13년 동안 건설해 완성한 곳입니다. 국제 우주 정거장은 지구 공전 궤도를 도는 인공위성으로, 우주인이 생활하며 연구, 탐사 등의 작업을 수행할 수 있도록 만들었죠. 이곳에서 우주 공간에 대한 실험과 연구를 진행할 수 있고, 우주선의 연료를 보충하거나 더 먼 곳으로 가기 위한 준비를 할 수 있습니다. (나 좀 잘난 듯! 부끄~!)

은하철도999 님 _ 끼악! **인간챗봇** 님, 댓글 달아 줘서 영광입니다! (나도 부끄~!) 이제야 우주 정거장의 쓰임을 제대로 알겠어요!

지니의 미스터리 해결

은하철도999 님, 저도 그 만화의 주인공인 철이와 메텔을 알고 있습니다. 땅딸막한 체구의 기차 차장님도 생각나는군요! 거의 40여 년 전 만화인데 어린이들의 상상력을 키우고 우주여행에 대한 꿈을 심어 줬지요. 기차가 우주 공간을 날고, 우주 정거장에 정차하기도 했답니다. ^*^*

✱ 정거장은 승객과 짐을 내리거나 싣기 위해 버스나 전철이 잠시 머무는 곳입니다. 우주 정거장도 비슷한 목적으로 세웠지만, **인간챗봇**님의 말처럼 과학자들의 연구와 우주인들의 체류, 탐사선이나 인공위성의 수리, 점검, 연료 보충 등이 주요 목적이었습니다.

✱ 국제 우주 정거장은 그러한 이유로 러시아, 미국, 일본, 캐나다, 브라질, 유럽 등이 힘을 합쳐 1998년부터 2011년까지 만들었답니다. 주로 지구에서 만들어 완성한 각 시설들을 우주 공간에서 조립하는 방식이었습니다. 마치 장난감 블록을 끼워 맞추는 것처럼요.

✱ 지상에서 약 400킬로미터 위의 지구 공전 궤도에 위치한 국제 우주 정거장은 하루에 지구를 열다섯 번 돈다고 합니다. 총 질량 420톤에 크기는 축구장 2개만 하대요. 양옆으로는 태양 전지판이 날개처럼 달려 있어서 우주 정거장에서 쓰는 전기를 스스로 만들어 낸다고 하는군요.

✻ 그러면 우주선은 어떤 방법으로 우주 정거장과 결합할까요? 비행기처럼 활주로가 있는 걸까요? 그건 아닙니다. 우주에선 '도킹'이란 방법을 통해 비행체들이 서로 결합하는데, 우주 정거장에서도 도킹을 통해 우주선이 결합됩니다. 서로 가까이 접근해 속도를 맞추고 결합 장치를 연결시키죠. 우주 공간에서의 도킹은 아주 까다로운 일이랍니다.

✻ 우리나라 최초의 우주인 이소연도 러시아 우주선 '소유스호'를 타고 국제 우주 정거장에 11일간 머물며 연구를 진행했답니다. 하지만 국제 우주 정거장도 이제 많이 낡아서 2030년에는 폐기할 예정이라고 해요.

✻ 사실 세계 최초의 우주 정거장은 따로 있습니다. 옛 소련(현재의 러시아)에서 1971년 처음으로 '살류트'라는 우주 정거장을 만들었어요. 그 밖에 미국의 '스카이랩', 소련의 '미르' 등이 우주 정거장의 역할을 했답니다. 참, 중국은 2022년 11월 혼자서 '톈궁'이라는 우주 정거장을 완성했답니다.

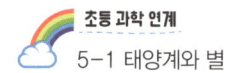

새로운 우주 정거장 '루나 게이트웨이'

현재 미국 항공 우주국(NASA)은 국가뿐만 아니라 민간 기업의 참여도 허용해 오스트레일리아, 캐나다, 일본, 룩셈부르크, 이탈리아, 영국, 아랍에미리트(UAE), 우크라이나, 대한민국, 브라질 등이 참여하는 달 탐사 계획을 진행 중에 있습니다.

이름하여 '아르테미스 계획'인데, 아르테미스는 그리스 신화에 나오는 아폴로 신의 쌍둥이 누이이며 달의 여신입니다. 1960~1970년대 달 탐사 계획인 '아폴로 계획'에 이어 달에 또다시 사람을 보낼 계획인 거죠. 따라서 이 계획을 수행할 새로운 우주 정거장도 건설할 예정인데, '루나(달) 게이트웨이'라고 부르고 있습니다.

특이하게도 새 우주 정거장은 지구 궤도가 아닌 달의 공전 궤도에 안착시킬 예정이랍니다. 그래서 달에 사람이 살 수 있는 기지를 건설하고, 나아가 화성 탐사에 대한 준비 기지로 쓰려고 해요.

우리나라는 아르테미스 계획과 관계된 활동으로 2022년 12월, 달 탐사선인 '다누리호'의 발사에 성공했어요. 지금 다누리호는 달 궤도에 안착해 달 표면을 탐사 중에 있답니다!

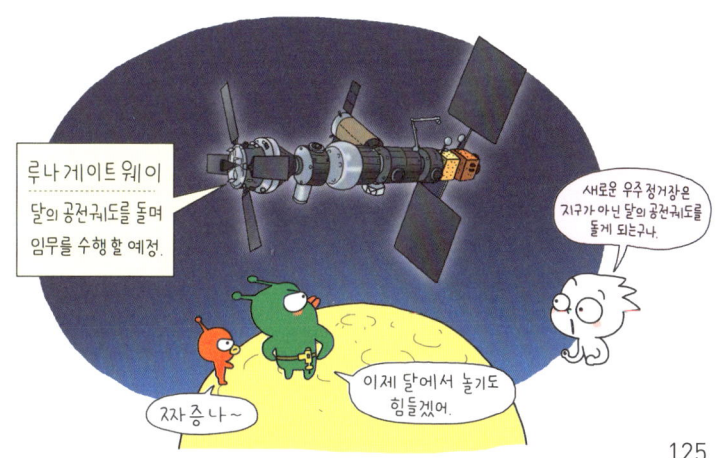

행성 탐사는 어떻게 하나요?

"제가 다 걱정이라니까요."

"나는 화성에 첫발을 디딘 강아지다! 두둥!"

미스터리 의뢰자

걱정부자 님

요즘 달에 다시 사람을 보낸다느니, 화성에 도시를 건설한다느니 믿기 어려운 말들이 많던데요. 사람을 보내기 전 행성들 탐사는 제대로 하고 있는 걸까요? 지구에선 동굴 탐사를 하려면 손전등에 밧줄도 필요하고 동굴에 사는 동식물에 대해 잘 알아야 하잖아요. 지구 말고 다른 행성들은 기온도 다르고 공기도 없다는데 얼마나 위험하겠어요! 제가 걱정이 이만저만이 아니에요! 행성 탐사 잘하고 있는 건가요?

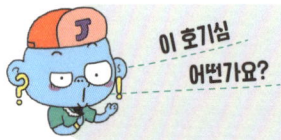    

이 호기심 어떤가요? 부러워요 겁나요 재밌어요 관심없어요

걱정인형 님 _ "걱정을 해서 걱정이 없어지면 걱정이 없겠네!" 라는 말 알아요? **걱정부자** 님 걱정일랑 저처럼 걱정 인형에게 다 줘 버려요! 행성 탐사를 하는 과학자들도 걱정 인형 하나씩은 다 있을 걸요!

걱정부자 님 _ 걱정 인형에게 걱정을 다 주면 정말 걱정이 없어지는지 지금 새로운 걱정이 생겼네요. ㅠㅠ

걱정인형 님 _ 헉! 정말 못 말리는 걱정 부자네요!

지켜보고있다 님 _ 각 행성에 전봇대만 세우면 돼요. 왜냐고요? 거기에 CCTV, 그러니까 감시 카메라를 다는 거죠! 어때요? 그럼 지구에서 얼마든지 각 행성들을 지켜볼 수 있으니까요!

걱정부자 님 _ 와, 좋은 생각이에요! 그런데 탐사는 각 행성에 있는 암석 분석도 하고 물도 찾아야 하고 그러는 거 아니에요? 감시 카메라는 그런 거 못 하잖아요.

지켜보고있다 님 _ 흐음, 그렇군요. 하긴 탐사는 좀 더 적극적으로 뭔가를 찾아 나서는 거겠죠? 로봇에 감시 카메라를 달면 딱 좋은데!

생존전문가 님 _ 저는 아무리 혹독한 야생이라도 살아남는 법을 알고 있지요. 특수 부대 출신이거든요. 애벌레는 물론 뱀, 개미도 다 먹을 수 있어서 굶어 죽을 일도 없죠! 그것들은 우주에서도 훌륭한 단백질 공급원이 돼 줄 거예요! 그러니 우주 탐사엔 생존 전문가인 날 보내면 됩니다!

걱정부자 님 _ 지구에서 애벌레 도시락이라도 싸 가려고요? 달이나 화성엔 생명체가 없다고요! 이분 참 걱정이다~~!

생존전문가 님 _ 어라! 행성에 단백질 공급원이 없다고요? 큰일이군요! 구조 헬기를 불러야겠어요!

걱정부자 님 _ 헐, 한술 더 뜨시네~~!

근심타파 님 _ 행성 탐사는 주로 로봇들이 한답니다. 사람이 쉽게 갈 수 있는 곳이 아니니까요. 그렇다고 팔다리가 있는 그런 로봇은 아니에요. 하지만 거친 황야의 행성들에서도 철저히 임무를 수행하는 그런 똑똑하고 튼튼한 로봇들을 보내지요.

걱정부자 님 _ 앗, 그렇군요! 탐사 로봇이라니, 이제야 한시름 놓아요! ^^*

지니의 미스터리 해결

걱정부자 님처럼 걱정이 많은 분들은 안전에 대해서도 철저해 사고 위험이 적다고 해요. 하지만 지나친 걱정은 건강을 해칠 수 있어요. 우주 탐사에 대한 걱정은 든든한 탐사 장비들에게 넘기고, 우리는 우주에 대한 더 많은 호기심을 탐구하기로 해요!

✷ 손쉽게 갈 수 있는 것도 아니고, 생명체가 살지 못하는 거친 환경인데도 우주 탐사는 지금까지 끊임없이 이어지고 있습니다. 도대체 우주 탐사는 왜 하는 걸까요? 바로 미래에 닥칠지도 모를 위험에 대비하기 위해서랍니다. 지구 환경이 손쓸 수 없을 정도로 오염되거나, 석탄과 석유 같은 화석 연료와 천연자원을 다 써 버릴 경우를 대비하기 위해서죠.

✷ 또한 인간의 본성인 새로운 것에 대한 호기심이 우리를 우주로 이끄는 것일지도 모릅니다. 아무리 돈이 많이 들고 위험한 일일지라도요. 그래서 행성의 기본적인 탐사는 더욱 중요합니다. 그곳에서 얻어 낼 자원이 있는지, 이주해 살 곳을 만들 수는 있을지 탐사를 통해 알 수 있으니까요.

✷ 과학자들은 일찍부터 우주 망원경과 인공위성이 갖춘 장비들을 통해 지구와 가까운 행성부터 탐사해 왔습니다. 주로 고해상도 카메라 렌즈를 사용해 천체들을 찍어 지구로 전송하지요.

✷ 하지만 더욱 꼼꼼히 조사해야 하는 곳엔 탐사 로봇들을 보냈습니다. 탐사 로봇은 '로버(방랑자)'라고도 부

르는데, 사람이 가기 힘든 지역을 조사합니다. 이런 로봇은 우주도 탐사하지만, 압력이나 열 때문에 갈 수 없는 지구의 깊은 바다(심해)나 화산 활동 지역, 방사능 오염 지역 등에서도 활약한답니다.

* 탐사 로봇은 **근심타파** 님의 말처럼 행성의 거친 지형을 돌아다녀야 하니 튼튼해야 합니다. 처음에는 주로 수레에 바퀴와 카메라, 드릴, 분석 장치 등 각종 장비들을 달아 놓은 정도였지만, 점점 발전해 자율 운전을 하는 특수 자동차나, 진공 상태에서도 날 수 있는 드론이 개발되기도 했어요.

* 더 나아가 좁은 틈새에 있을지도 모르는 생명체 탐사를 위해 '뱀장어 로봇'도 개발되었답니다. 또 맨해튼 토이라는 장난감에서 아이디어를 얻은 '슈퍼 볼 봇'은 탐사선의 착륙 없이 공중에서 떨어뜨릴 수 있어요. 형태가 찌그러져도 다시 원상태로 돌아오고, 던져도 망가지거나 넘어지지 않아 행성의 모래에 파묻혀 갇힐 일이 없다고 해요! 장난감을 보고 생각해 냈다니 흥미롭네요! ^^

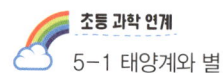

화성 탐사 로봇들!

화성은 지금까지 탐사 로봇이 가장 많이 활동한 행성입니다. 2023년, 화성을 탐사하고 있는 로봇들은 '큐리오시티'와 '퍼서비어런스'가 있어요. 이름들이 재미있지요?

'호기심'이란 뜻의 큐리오시티는 2011년 11월에 발사되어 2012년 8월부터 화성에서 활약하고 있습니다. 주로 생명체의 흔적을 찾고 있는데 실제로 생명체의 흔적인 탄소, 메탄 등을 발견했답니다.

'끈기'라는 뜻의 퍼서비어런스는 2020년 7월에 발사되어 2021년 2월부터 활동하고 있는 로봇이에요. 원자력 배터리로 움직이고, 암석을 자르거나, X선 촬영도 가능하대요.

이 밖에 임무가 끝난 화성 탐사 로봇들이 있어요. '스피릿(영혼)'과 '오퍼튜니티(기회)'는 기능과 모양이 같아서 쌍둥이 탐사 로봇으로 부르는데, 2003년 여름에 발사돼 각각 화성의 다른 지역에 착륙했답니다. 두 로봇은 모래에 빠지기도 하고 각종 험난한 지형을 돌아다니며 화성의 토양 조사를 해 왔어요.

그리고 마침내 화성에 물이 있었다는 수많은 증거 사진들을 지구로 보내왔답니다. 둘 다 태양 전지 판으로 에너지를 얻는데 스피릿은 6년, 오퍼튜니티는 15년 동안 탐사를 진행했다고 하는군요!

미스터리 의뢰자

나로누리 님

저랑 제 동생은 꿈이 연결되어 있어요. 제 꿈은 로켓 개발자이고, 동생 꿈은 우주인이죠. 그래서인지 아빠는 이번 방학에 가족 모두 전라남도 고흥으로 여행을 떠나자고 해요. 그곳에 나로 우주 센터가 있고, 우주 과학관도 있다면서요. 그곳에서 누리호 발사가 있었다는데, 이제 그곳에서 달이나 화성으로 여행도 갈 수 있는 건가요? 아빠는 아직은 아니라고 하는데, 나로 우주 센터에선 어떤 일을 주로 하는 거예요?

럴수럴수그럴수 님 _ 정말요? 럴수럴수그럴수~! 저도 누리호 발사에 성공했다고 해서 우주여행을 준비 중이었거든요. 여권에 붙일 사진도 찍어 놨는데, 럴수럴수그럴수~!

나로누리 님 _ 슬프지만 아직은 그렇게까지 우리나라 로켓 기술이 발전하지 못했대요. ㅠㅠ

럴수럴수그럴수 님 _ 헉! 왜 아직도? 며칠 전 새 여행 가방도 사 놨단 말이에요! 이제 우주복만 사면 된다고 좋아했는데! 럴수럴수그럴수~!

외나로도얼짱 님 _ 시방 뭐라고 떠드는 거시오! 나가 내 눈으로 직접 봐서 아는디, 나로 우주 센터에서 겁나게 거시기하시는 연구자, 기술자, 과학자 분들이 들으면 허벌나게 섭하겠소! 외국 기술에 의지하지 않고 우주 로켓을 직접 쏘아 올려분 것도 겁나게 거시기한 일이란 말이지라~!

나로누리 님 _ 외나로도? 혹시 나로호와 나로 우주 센터의 '나로'라는 글자가 지역 이름이에요?

외나로도얼짱 님 _ 시방 그걸 지금 알았소? 여기는 섬인디, 우주 기지를 보유한 세계에서 몇 안 되는 자랑스러운 섬이지라! 위성 로켓 발사뿐만 아니라 여기서 로켓 발사 실험도 솔찬히 하고 레이더로 추적도 하고 그러지라~!

 우주스파이 님 _ 맞아요! 나로 우주 센터를 만들기 전에는 비싼 돈을 주고 다른 나라 우주 기지에 가서 위성을 발사시켜야 했죠. 그런데 이제 안 그래도 됩니다. 심지어는 다른 나라에서 우리 우주 기지를 사용하러 올 수도 있죠. 그런데 혹시 누리호에 관한 자세한 설계도나 자료가 있으신 분~~?

 나로누리 님 _ 우주 기지를 만들고 로켓을 직접 개발한 일이 대단한 일이었군요! 그런데 누리호 설계도는 왜요?

 우주스파이 님 _ 제가 설계도 모으는 취미가 있어요!

 나로누리 님 _ 그런데 그거 국가 기밀 아니에요? 닉네임도 우주 스파이고, 혹시 뭐 하시는 분? 지니 님~! 이분 이상해요~!

 우주스파이 님 _ 에잇, 들켰군! 로켓 개발 기술 좀 알려 달라고~~! 잉잉~~! ㅠㅠ

＊＊＊ 우주스파이 님, 수상한 행동으로 강제 퇴장 당하셨습니다. ＊＊＊

지니의 미스터리 해결

나로누리 님, 로켓 개발자가 꿈이어서 그런지 닉네임도 나로호와 누리호에서 따왔나 봐요. 자유로운 실험이 가능한 나로 우주 센터가 세워지지 않았다면 우리나라 스스로 로켓을 개발하는 일은 좀 더 늦춰졌을지도 몰라요!

✽ 나로 우주 센터는 2009년 6월 전라남도 고흥군 '외나로도'라는 섬에 세워진 우리나라 최초의 우주 기지입니다. 우주 기지에서는 주로 인공위성이나 탐사선, 우주선 등을 로켓에 실어 발사해요. 그래서 안전을 위해 사람이 많이 살지 않는, 넓게 트인 곳이면서도 맑은 날씨가 많은 곳에 주로 위치한답니다.

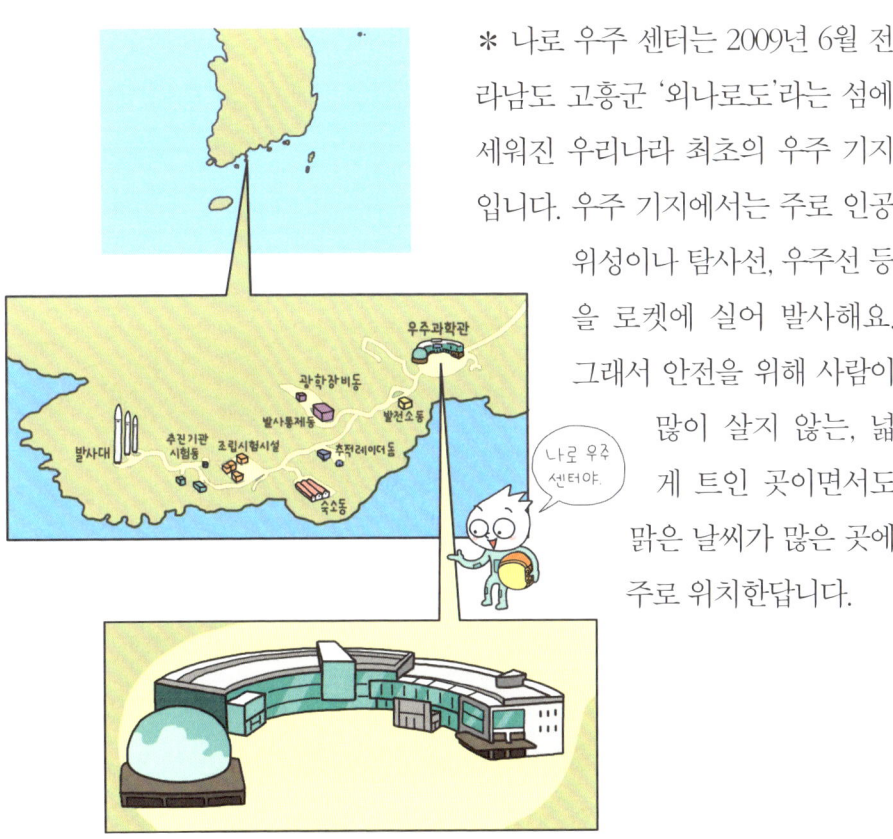

✽ 나로 우주 센터에는 로켓 발사대 이외에도 로켓을 조립해 실험할 수 있는 시설이 있어요. 또한 발사를 관리하는 통제 건물, 발사된 로켓을 추적하는 레이더 시설, 위성의 영상 정보를 확보하는 광학 추적 장비, 날씨를 예측하는 기상 관측 시설, 전력을 공급하는 발전소 등을 갖추고 있답니다. 이 모든 것이 축구장 600개 정도의 면적에 있답니다.

✽ 사실 나로 우주 센터가 만들어지기 이전에는 인공위성을 다른 나라의 우주 기지에서 발사했습니다. 그럴 때마다 많은 돈을 그 나라에 줘야 했지요. 하지만 이제는 오히려 다른 나라에서 우리나라에 로켓 발사를 요청해 올 수도 있게 됐답니다.

✽ 로켓을 만드는 기술은 나라들끼리 비밀에 부쳐 서로 정보를 나누지 않아요. 그래
서 미국이나 러시아에 비해 늦게 출발한 우리 과학자들은 연구에 더욱 많은 노력이 필요했어요. **외나로도얼짱** 님의 말처럼 순수 우리 기술만으로 로켓 발사체를 개발한 것은 아주 자랑스러운 일이랍니다.

✽ 그런데 아직까지 나로 우주 센터에선 나로호나 누리호 같은 인공위성을 쏘아 올리는 일만 할 수 있어요. 기상 위성이나 통신 위성 같은 걸 지구 공전 궤도에 올려놓는 일이요! 더 멀리 달이나 화성까지 갈 탐사선을 발사하는 일은 열심히 연구 중이랍니다.

✽ 2022년 8월 미국에서 발사한 우리나라 최초 달 탐사선 다누리는 달 궤도 진입에 성공해 달을 탐사 중이에요. 이렇듯 우리나라 우주 탐사 과학은 빠른 속도로 발전해 가고 있습니다. 아마도 다음에는 우리나라 순수 기술로 만든 화성 탐사선을 우리나라 우주 기지에서 쏘아 올릴 수 있을 거예요!

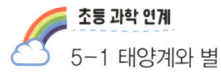

세계의 우주 기지

　우주 기지는 주로 사람이 별로 없는 외딴 사막이나 바닷가, 섬 등에 위치하고 있습니다. 로켓을 쏘아 올릴 때 큰 폭발음이 나고, 분리된 엔진이 예측이 안 된 엉뚱한 곳에 떨어질 수도 있기 때문이죠. 외딴 곳은 도시보다 로켓 발사 기술에 관한 국가 기밀이 드러날 염려도 별로 없어요.

　러시아의 바이코누르 우주 기지는 카자흐스탄에 위치해 있습니다. 세계 최초의 우주 기지이기도 한 이곳에서 세계 최초의 인공위성 스푸트니크호가 발사됐답니다.

　프랑스에는 기아나 우주 기지가 있어요. '유럽 우주 기구(ESA)'의 주요 우주 기지이고, 우리나라 최초 인공위성인 우리별 1호를 이곳에서 발사했답니다. 참, 제임스 웹 우주 망원경도 이곳에서 쏘아 올렸어요.

　미국의 케네디 우주 센터는 플로리다주 메릿섬에 위치해 있어요. 이곳에선 인간을 달에 발 딛게 해 준 아폴로 11호가 발사되었답니다. 아폴로 우주선들은 주로 이곳에서 쏘아 올렸죠.

　중국에서는 주취안 위성 발사 기지가 유명해요. 이곳에서 우주선 선저우를 로켓 창정호에 실어 여러 번 발사했답니다. 일본의 다네가시마 우주 센터는 가고시마현의 다네가섬에 위치해 있어요. 로켓 발사대가 3곳이나 있고, 자연 풍광이 아주 아름다운 곳이라고 해요!

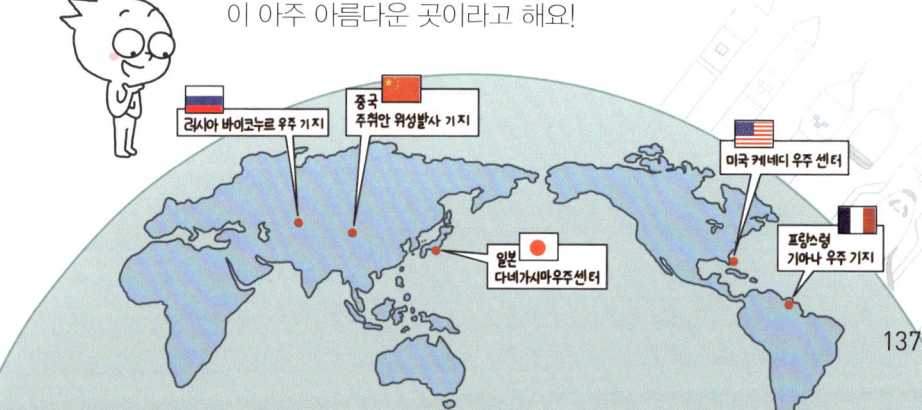

나사(NASA)는 도대체 뭐 하는 곳이에요?

미스터리 의뢰자

나사빠진로켓 님

　영화를 봐도, 뉴스를 봐도, 만화를 봐도, 심지어 교과서에도, 우주에 관한 것이라면 모두 그 이름이 있습니다. 이름하여 나사! 아, 네! 드라이버로 박는 그 나사못 말고요! 방금 나사 홈페이지에 들어가 봤습니다. 달 사진과 우주복 입은 사람, 로켓 발사 사진이 보입니다. 그리고 영어가 참 많습니다. 저는 영어를 못 합니다. ^^;; 그러니 도와줘요! 도대체 나사가 뭡니까? 뭐 하는 곳이기에 우주 얘기엔 빠지지 않고 등장하냐고요?

이 호기심 어떤가요?　신나요　놀라워요　엉뚱해요　짜증나요

맨인블랙 님 _ 짜잔~! 제가 또 등장했습니다. 우주 하면 뭐가 떠오릅니까? 대부분 외계인이라고 할 겁니다. 실제로 외계인은 지구인인 것처럼 변장하여 살고 있어요. 나사는 그런 외계인들 중 말썽을 피우는 못된 외계인을 나 같은 사람을 고용해 잡아들이는 곳이죠.

나사빠진로켓 님 _ 그 얘길 믿으라고요? 저는 살면서 외계인을 본 적이 한 번도 없는데요!

맨인블랙 님 _ 그건 나사가 님의 기억을 지워 버렸기 때문이에요. 외계인을 본 사람들은 모두 우리가 나서서 기억을 지웁니다. 그래야 지구가 혼란에 휩싸이지 않죠!

나사빠진로켓 님 _ 움, 어젯밤 꿈에서 외계인을 만난 거 같은데 그게 꿈이 아니었나? @.@ 그러면 내 기억 돌려줘요. 어렵게 만난 외계인인데~~!

꼬우연 님 _ ㅋㅋ 왜들 이러세요! 나사는 '미국 항공 우주국'의 '약자'잖아요! 나사에서 만든 아폴로 11호가 달로 인간을 보낸 역사적인 사건도 있었죠! 참, **나사빠진로켓** 님, 로켓에 나사가 하나라도 빠지면 큰일 나요! 폭발할지도 모른다고요! 꽝!

나사빠진로켓 님 _ 그, 그래요? 아무튼 나사는 우주 탐사를 하는 곳인가 봐요. 그런데 '약자'라면 말을 줄여 부르는 거잖아요. 그럼 '나사'가 아니라 '미항우' 아니에요? 미국 항공 우주국이니까요! 그리고 님의 닉네임 '꼬우연'이 뭐예요?

꼬우연 님 _ ㅠㅠ '나사'는 영어 약자예요. 그러니까 N, 음, 뭐더라, S인가? 그래도 꼬우연은 알아요! '한국 꼬마 우주 연구원'을 줄인 말이죠. 헤헤!

나도꼬우연 님 _ 오, 여기서 꼬우연 회원을 만날 줄은 몰랐어요. 나사는 미국의 우주 개발을 하나로 묶어 관리하고 감독하는 정부 기관이에요. 여러 연구들을 진행해 많은 성과를 냈죠. 지금은 민간 기업과 손도 잡고, 세계 여러 나라의 우주 연구자들과 협력해 달과 화성 탐사를 준비하고 있어요.

나사빠진로켓 님 _ 와! 이제야 속이 시원해지는 것 같아요! 나도 꼬우연에 들어가 우주에 대한 지식을 넓힐래요! 저요, 저요!

지니의 미스터리 해결

와우~ 나사!

나빠로 님, ^^;; 저도 나사빠진로켓 님의 닉네임을 줄여 봤습니다. 미국의 정부 기관인 나사는 우주 개발과 연구에 앞장서서 세계적으로도 아주 유명한 단체가 되었지요. 그래서 우주 이야기에 빠지지 않고 '약방에 감초'처럼 등장한답니다!

✷ 우선 **꼬우연** 님의 말처럼 앞 글자만 따서 부르는 거 말고 나사의 원래 이름에 대해 알아볼까요? 영어로 'NASA: National Aeronautics & Space Administration'입니다. 번역하면 국가 항공 우주 기관인데, 더 정확히 구분하여 '미국 항공 우주국'이라 부르는 거랍니다.

✷ 1958년 만들어진 나사는 옛 소련이라는 나라와 우주 개발 경쟁을 벌이다가 미국이 한발 뒤처지자 부랴부랴 여러 정부 기관들을 하나로 통합해 만들었답니다. 본부는 미국의 수도 워싱턴에 있어요.

✷ 나사에 속한 기관들로는, 우주 망원경의 관리와 연구를 주로 하는 고다드 우주 비행 센터(메릴랜드에 위치), 로켓의 발사를 맡는 케네디 우주 센터(플로리다에 위치), 관제 센터와 우주인들의 훈련소가 있는 존슨 우주 센터(텍사스에 위치), 탐사선 연구를 주로 하는 제트 추진 연구소(캘리포니아에 위치) 등이 있답니다.

✷ 나사가 이룬 성과로는 무엇보다 1961~1972년에 이루어진 유인 달 탐사 계획을 들 수 있어요. 새턴 V 로켓에 아폴로 우주선을 실어 발사했기에 이 계획을 '아폴로 계획'이라고 부르죠. 무려 17번이나 쏘아 올렸고, 1969년 아폴로 11호는 달에 인류의 첫 발자국을 남기는 데 성공했답니다.

✽ 이 밖에 1973년 '스카이랩'이라는 작은 우주 정거장을 지구 궤도에 올려 무중력 상태가 사람에게 끼치는 영향 등을 연구했어요. 또한 허블 우주 망원경을 내보내 우주와 은하의 생성과 소멸 등에 관해 연구했지요.

✽ 나사는 아폴로 계획 이후로 전보다 활동이 줄어들었지만, 여전히 활발히 우주를 탐사하고 있습니다. 특히 꾸준히 화성을 탐사해 한때 물이 존재했었다는 사실을 알아내기도 했어요. 지금은 우리나라를 비롯한 여러 나라들과 협력해 달에 국제 우주 정거장을 건설하고 화성에 기지를 세울 계획을 세우고 있답니다. 물론 태양계의 다른 행성과 혜성, 위성도 끈기 있게 탐사하고 있고요.

세계인이 함께하는 나사

✽ 현재 나사는 미국 단독으로 진행하던 과거 우주 개발과 연구를 민간 기업이 참여하도록 이끌고 있답니다. 그래서 일반인이 우주여행의 꿈을 이룰 날을 하루라도 더 빨리 앞당기려는 계획을 가지고 있어요.

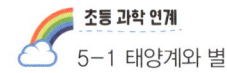
초등 과학 연계
5-1 태양계와 별

우리나라엔 '카리(KARI)'가 있다!

　그렇습니다. 미국에 나사가 있다면 우리나라엔 '카리'가 있습니다. 카리는 'KARI, Korea Aerospace Research Institute'의 앞 글자를 딴 이름이에요. 우리말로 옮기면 한국 항공 우주 연구원인데, 줄여서 '항우연'이라고 부르기도 합니다.

　1989년 설립된 카리는 다양한 분야의 과학자와 연구자들이 모여 있는 대덕 연구 단지(대전에 위치)에 있어요. 우주 개발 선진국에 비하면 한참 뒤처졌지만, 우주 발사체 나로호와 누리호를 개발해 냈지요. 마침내 2023년 5월 누리호 3차 발사에서는 8개의 실용 인공위성을 우리 기술로만 지구 궤도에 올려놓는 데 성공했답니다.

　사실 30년 전만 해도 우리나라는 우주에 대한 관심이 부족해 전문 기관도 거의 없었고, 국가 예산을 마련할 수도 없었대요. 하지만 카리의 설립과 함께 젊음을 바쳐 묵묵히 연구를 거듭하는 과학자와 연구자들이 많이 늘어났답니다.

　또한 카리의 연구와 성과는 우리 민간 기업의 연구와 협력이 없었다면 불가능했어요. 누리호만 해도 300여 개의 기업이 큰 힘을 보탰지요. 그만큼 우리의 과학 기술이 여러 방면에서 발전해 온 것이랍니다. 보이지 않는 곳에서 꿈을 위해 갈고닦은 그분들의 값진 땀이 없었다면 오늘의 성과도 이룰 수 없었을 거예요.

　미차클의 어린이 여러분도 우리 카리를 많이 응원해 주세요! 그리고 미래의 우주 산업에 빛나는 주인공이 되어 주세요!

우주 관광을 떠난다고요?

> 갈 수 있는 거 맞죠?

> 나도 데려가.

미스터리 의뢰자
짐을싸다수상해 님

어디서 들었는데, 국제 우주 정거장 체험 여행 상품이 있대요! 아니, 이런 소식은 진작 널리 알렸어야죠. 저는 우주 관광을 꼭 가고 싶단 말이에요. 그런데 짐을 꾸리다가 뭔가 수상했어요. 정말일까? 혹시 사기꾼의 거짓말이 아닐까? 의심이 스멀스멀 올라왔지만 미리 짐은 싸 놓을 거예요! 카메라, 비옷, 마스크, 초콜릿, 멀미약……. 또 뭐가 필요할까요? 흐음, 그런데 정말 우주 관광 갈 수 있는 거 맞아요?

 이 호기심 어떤가요?
 화나요
 귀여워요
 엉뚱해요
 어이없어요

 달나라패키지 님 _ 에이, 사기꾼이라니요? 벌써 많은 분들이 여행 상품을 예약하고 우주선 출발 날짜만 기다리고 있다고요. 관광 코스는 '로켓 발사→우주선 탑승 1박 체험→국제 우주 정거장 1박 체험→달 궤도 우주 정거장 도킹 체험→달나라 호텔 1박 체험'입니다. 참, 먼저 입금부터 하셔야 해요. 생각 있으시면 쪽지부터 주세요!

 짐을싸다수상해 님 _ 정말요? 어린이도 갈 수 있는 거 맞아요? 얼마예요? 그런데 달나라 호텔이 정말 있어요? 난 그런 소리 못 들었는데 언제 만들었죠?

 달나라패키지 님 _ 흐음, 의심이 많군요! 자, 쪽지부터 주고 입금 먼저 하세요!

 짐을싸다수상해 님 _ 아무래도 수상해요! -.-;; 지니 님~! 도와줘요~!

* * * 달나라패키지 님, 그런 관광 코스는 없다고 합니다. 경찰에 신고했으니 꼼짝 마세요! * * *

 대중교통이용 님 _ ㅋㅋ 달나라패키지 님 도망가는 소리 들리네요! 그런데 달은 모르겠지만 화성은 서울에서 가는 게 제일 빨라요. 직행버스 있거든요.

 짐을싸다수상해 님 _ 엥? 무슨 소리예요? 버스라뇨? 버스 모양 우주선이에요?

 대중교통이용 님 _ ㅋㅋ 아니요. 서울 사시면 경기도 화성시에 직행버스 타고 가면 된다고요.

짐을싸다수상해 님 _ 쳇! 난 또 뭐라고! 오늘 왜들 이래요~~! -.-;;

메론마스크 님 _ '일론 머스크'가 만든 '스페이스X'라는 우주 기업이 있는데, 그곳을 통해 우주 관광을 다녀온 사람들이 꽤 있어요. 주로 무중력 상태인 지구 궤도를 돌고 오거나 우주 정거장에 다녀오는 코스였죠. 다들 200억 원 정도만 내면 갈 수 있대요. 그 정도 돈 우리 다 있잖아요?

짐을싸다수상해 님 _ 헉, 200억 원! 띠용~~!! 혹시 메론마스크 님 닉네임은 일론 머스크에서 따왔나 봐요. ㅋㅋ

깐따삐야여행사 님 _ 우리 여행사는 20년 후 단돈 1억 원에 우주 엘리베이터를 타고 우주 정거장까지 가는 관광 상품을 내놓을 예정이랍니다.

짐을싸다수상해 님 _ 20년 후요? 게다가 200억이나 1억이나 비싼 건 똑같다고요~! ㅠㅠ

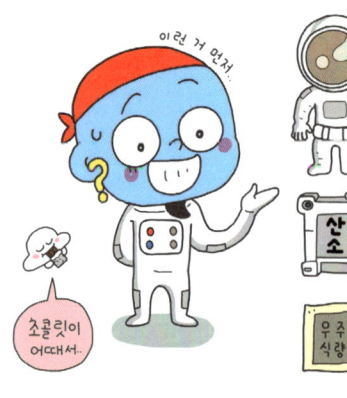

지니의 미스터리 해결

짐을싸다수상해 님, 저도 우주 관광을 꼭 해 보고 싶습니다. 사실 고소 공포증이 있지만, 광활한 우주에선 높고 낮은 게 없으니까 괜찮을 거 같아요. 그런데 짐이 좀 이상해요. 비옷, 마스크, 초콜릿 대신 우주복, 산소통, 우주 식량을 가져가야 하지 않을까요? ^^;;

✽ 최근 들어 우주 관광 계획이 민간 기업들에 의해 많이 세워지고 있습니다. 왜 그런 걸까요? 국가는 우주 개발을 위해 점점 더 많은 돈과 실력 있는 사람들이 필요했답니다. 그래서 투자를 아끼지 않고 경제적으로 이익을 만들어 낼 수 있는 기업 그리고 수준 높은 대학의 연구원들과 손을 잡았죠.

✽ 결과적으로 로켓과 우주선, 기타 탐사 장비 등을 더욱 빠르게 발전시킬 수 있었답니다. 그래서 민간 기업들이 우주 개발에서 더 나아가 우주 관광 상품도 내놓을 수 있게 된 거예요. 마침내 2001년 4월 미국의 기업가 데니스 티토라는 사람이 러시아 우주선 소유스호를 타고 7박 8일 동안 일반인 최초로 국제 우주 정거장에 다녀왔어요.

✽ **메론마스크** 님의 말처럼, 그는 우리나라 돈으로 200억 원이 훌쩍 넘는 돈을 내고 다녀왔다지요. 이후 이루어진 억만장자들의 우주 관광은 전문 우주 비행사들 틈에 끼어 주로 지구 궤도에 잠시 머물다 오거나 국제 우주 정거장에 머무는 형태로 진행됐답니다.

✷ 2021년에는 우주 비행사 없이 민간인 4명만이 우주 관광에 나선 일도 있었어요. 미국의 우주 기업 '스페이스X'의 우주선 '크루 드래곤'을 타고 3일간 지구 주변을 돌며 우주 관광을 성공적으로 마치고 돌아온 거예요. 비용은 4명 합쳐서 약 2,300억 원이 들었다고 해요!

✷ 이렇듯 현재 가능한 우주여행은 지구 궤도를 돌며 잠깐 동안 무중력 상태를 체험하고 우주 풍경을 감상하거나, 국제 우주 정거장에서 잠을 자고 오는 정도예요. 하지만 앞으로는 달 궤도 관광이나 나아가 화성 거주지 관광도 가능할 거예요.

✷ 하지만 문제가 있답니다. 아직은 우주 관광이 너무 비싸고 덜 안전하죠. 좀 더 많은 사람들이 우주 관광을 하려면 더 싼 가격에 확실한 안전이 보장되어야 한답니다. **깐따삐야여행사** 님의 말처럼, 우주 엘리베이터 같은 기발한 방식들이 개발된다면 지금부터 20~30년 후에는 우주 관광이 일반적인 일이 될 것이니 너무 걱정 마세요!

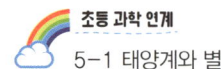

스타워즈: 우주 기업들의 전쟁

예전에는 '스타워즈' 하면 영화 제목이나 강대국들의 우주 경쟁을 떠올렸지만, 지금은 민간 기업들의 '우주 개발과 우주 관광'도 함께 떠올리게 합니다. 그만큼 치열한 경쟁을 펼치고 있는 대표적인 우주 기업 3곳이 있답니다.

미국의 온라인 쇼핑몰 '아마존'의 창업자 제프 베이조스가 2000년 설립한 '블루 오리진', 영국의 기업가 리처드 브랜슨이 2004년 설립한 '버진 갤럭틱', 미국 전기차 기업 '테슬라'의 창업자 일론 머스크가 2002년 설립한 '스페이스X'가 그곳들이죠.

블루 오리진은 2020년 10월에 '뉴 셰퍼드'라는 로켓을 만들었는데, 발사 후 로켓은 스스로 지상에 돌아와 수직 착륙했답니다. 이로써 로켓의 재사용이 가능해져 비용을 크게 줄일 수

있게 됐지요.

버진 갤럭틱은 지상에서의 로켓 발사가 아닌, '이브'라는 비행기에서 '유니티'라는 우주선을 공중 발사하는 방법을 개발했답니다. 따로 발사 기지가 필요 없어졌지요.

스페이스X는 '스타십'이라는 대형 우주선을 만들었습니다. 무려 100명의 승객이나 100톤의 화물을 실을 수 있는데, 얼마 전 달 궤도를 여행할 8명의 승객을 공개했답니다!

우주에서 우주복을 꼭 입어야 해요?

미스터리 의뢰자
아기=우주인? 님

아기들이 입는 옷으로 위와 아래가 붙어 있고, 엉덩이 부분이 따로 열려서 기저귀를 손쉽게 갈 수 있는 그 옷, 혹시 알아요? 맞아요! 우주복이죠! 그런데 우주인들이 입는 옷도 우주복이잖아요? 아기 옷이랑 모양도 비슷하고요. 뭐, 우주인의 우주복이 훨~~씬 복잡하긴 하지만요. 그리고 아기처럼 우주복 안에 기저귀 같은 것도 입는다고 들었어요. ^^;; 도대체 우주에선 왜 우주복을 입는 걸까요?

 엉뚱해요 놀라워요 신기해요  졸려요

미스터리한 댓글 쓰기

돌봄달인 님 _ 저는 한 살 동생을 아주 잘 돌보고 있답니다. 우주복은 기저귀 갈 때 정말 편리해요. 옷을 벗겼다가 다시 입힐 필요가 없으니까요. 아마 우주선이나 우주에는 화장실이 없기 때문에 우주인들도 그 옷을 입는 거 아닐까요?

아기=우주인? 님 _ 뭐 맞는 말이긴 한데, 우주복엔 튜브도 여러 개 달려 있고, 엄청 튼튼해 보이는 배낭도 있고, 더 중요한 뭔가가 있을 것 같단 말이죠.

돌봄달인 님 _ 그 튜브가 바로 '응아'랑 '쉬야'가 지나가는 길일걸요. 그걸 배낭에 모으고요. 똥오줌 치우는 게 얼마나 중요한데요! 동생은 저 덕분에 늘 뽀송뽀송한 엉덩이를 유지하고 있죠!

아기=우주인? 님 _ 어디서 응아 냄새가 살짝 나는 것 같아요. 이제 그 얘긴 그만! 우욱! ㅠㅠ

우주패피 님 _ 자고로 '패피'라면 'TPO'에 맞게 옷을 입을 줄 알아야 해요! 수영복, 파티복, 운동복, 상황에 따라 입는 옷이 다 따로 있잖아요? 우주에선 우주복을 입는 게 당연하죠. 어두컴컴한 우주에서 하얗게 빛나는 우주복, 그리고 반짝이는 헬멧과 최신 스타일의 배낭, 독특한 장갑과 장화까지, 오위! 우주 패피가 따로 없답니다!

아기=우주인? 님 _ 순전히 패션 때문에 우주복을 입는다고요? @.@ 그런데 '패피', 'TPO'는 무슨 말이에요?

우주패피 님 _ 어머, 모르시나 봐~! 패피는 '패션 피플'의 줄임말로 옷 잘 입는 사람들을 뜻하고, TPO는 'Time, Place, Occasion', 그러니까 '시간, 장소, 상황'에 따라 옷을 갖춰 입어야 한단 뜻이죠. 호호!

살고싶으면 님 _ 헐, 왜들 이러세요. 우주복을 입는 이유는 아주 간단합니다. 우주 환경에서도 살아남기 위해서! 한번 입지 말아 봐요. 어떻게 되나~!

아기=우주인? 님 _ 어떻게 되는데요?

살고싶으면 님 _ 태양 빛에 화상을 입거나, 기압 차이와 산소 부족으로 질식하거나, 우주 먼지와 충돌해 죽거나, 아무튼 이 모든 게 종합 선물 세트로 들이닥칠 게 분명하죠.

아기=우주인? 님 _ 헉! 무슨 공포 영화 같아요!

지니의 미스터리 해결

아기=우주인? 님, 아기와 우주인의 공통점을 발견하셨군요! 맞아요. 우주복을 입고 있죠. 둘 다 보온성이 뛰어나고, 아기와 우주인의 특징에 맞게 디자인되어 있어요. 우주복을 입고 건강하게 자라난 아기가 미래의 우주인이 되는 건 어쩌면 당연한 일 같군요! ^^

✽ 우주는 생각보다 많이 위험한 곳입니다. 태양 빛이 강렬하게 내리쬐고, 높은 방사능과 전자파가 있고, 우주 먼지들이 날아다니며, 기압은 낮습니다. 이 모든 환경은 지구와 달라 아무런 대비 없이 우주에 나섰다가는 우리의 생명이 위태로울 수 있어요.

✽ 만약 우주에 준비 없이 나갔다가는, 태양이 비추는 곳에서는 100도가 넘는 고온에, 그늘진 곳에서는 영하 100도 아래에 노출되어 버려요. 게다가 우주에는 산소도 없어요. 또 기압이 0에 가까워 우리 몸의 혈관에 기포가 생기면서 결국 죽게 되지요.

✽ **살고싶으면** 님의 말처럼, 우주복은 그런 열악한 우주 환경을 어느 정도 견딜 수 있게 해 줍니다. 우주복에는 압력을 유지해 주는 '여압복', 우주선이나 국제 우주 정거장 밖에서 입는 '활동복'이 있는데, 우주복이라고 하면 주로 이 활동복을 말합니다.

✽ 우주복은 주로 헬멧, 윗옷, 바지, 장화, 장갑, 배낭 등으로 이루어졌어요. 여기에는 산소 탱크, 각종 튜브, 온도 조절 장치, 전기선, 통신 장비, 음료 통, 전등, 카메라, 배터리 등이 장착되어 있답니다.

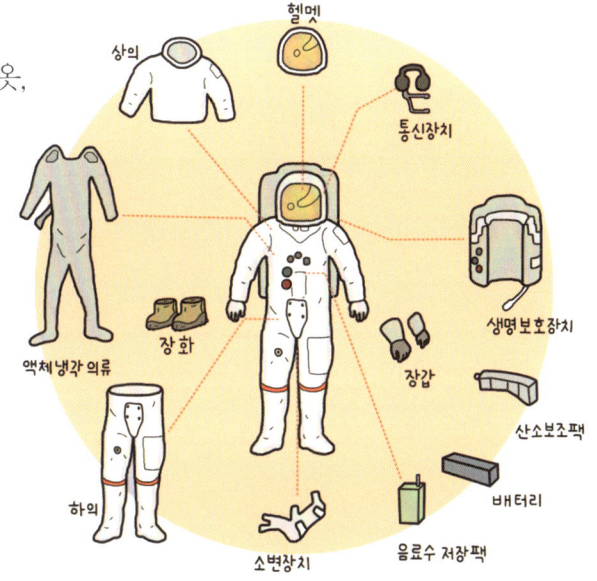

153

✱ 우주복을 입을 때는 먼저 속옷부터 입어요. 속옷 안에는 대소변이 급할 때를 대비해 특수 기저귀를 입거나 소변 흡수 장치를 달기도 하지요. 그다음 온수나 냉수가 흐르는 아주 얇은 튜브들이 부착된 옷을 입습니다. 이후 바지를 입는데 전기와 열이 통하지 않는 재료로 만든답니다.

✱ 그다음은 유리 섬유와 강철로 만든 윗옷을 입습니다. 윗옷에는 각종 조절 장치와 산소 호스가 있는데, 생명 유지 장치 배낭과 연결되어 있어요. 배낭에는 이산화탄소를 모으고, 산소를 공급하고, 우주인의 건강을 자동으로 점검하고, 전력을 공급하고, 온도를 조절하는 장치가 들어 있답니다.

✱ 이후 금속 섬유로 된 장화를 신고, 자외선으로부터 눈을 보호하기 위해 금을 얇게 입힌 헬멧을 쓰면 우주로 나갈 채비를 다하게 됩니다. 이 옷들은 다 합하면 거의 100킬로그램 정도 돼요. 하지만 중력이 거의 없는 우주에서는 아주 가볍게 느껴진답니다.

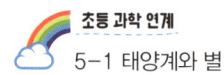

우주복은 누가 만들까?

우주복은 왜 눈사람처럼 하얀 걸까요? 그건 뜨거운 태양 빛을 반사하기 위해서랍니다. 하얀색은 빛을 반사하니까요. 우주 개발의 역사가 70년을 훌쩍 넘어 가고 있는데, 지금까지 우주복의 색깔과 형태는 큰 변화가 없어요. 이미 우주복 하나에 최첨단 기술이 다 모여 있기 때문이죠.

그렇다 해도 우주에서의 움직임은 깊은 물에서 움직이는 것처럼 굼뜨고 부자연스러워서 우주복은 우주인들에게 맞춤옷처럼 더욱 편안해야 합니다. 그러기 위해선 재봉틀이나 기계보다 더 민감하고 세심하게 바느질을 할 수 있는 사람의 손이 필요했죠.

1960년대 달 탐사를 계획하던 나사는 처음에는 유명 속옷 회사에 우주복을 만들어 달라고 요청했대요. 재봉사들의 손이 필요했던 거죠. 당시의 재봉사들은 개인용 우주선을 만드는 마음으로 우주복 하나 하나를 정성으로 만들었다고 해요. 우주인들이 그 옷을 입고 달에 도착했을 때는 같이 달에 간 것처럼 감격했고요.

하지만 지금은 우주인 한 명 한 명에 우주복을 맞춤으로 만들기보다는 여러 사이즈를 미리 만들어 놓는답니다. 단 장갑만큼은 여러 세심한 작업을 해야 하기 때문에 여전히 맞춤으로 만든대요. 이렇게 만든 우주복 한 벌의 가격은 약 100억 정도라고 하는군요. 그중 장갑이 가장 비싸대요!

우주인들은 정말 서서 잠을 자나요?

미스터리 의뢰자

아빠=우주인? 님

우리 아빠는 군대 얘기를 정말로 좋아해요. 특히 훈련받을 때 얘기를 자주 꺼내시죠. 무려 40킬로그램이 넘는 군장을 메고 산 하나를 하룻밤에 다 넘었다는 얘기는 백 번 정도 들은 거 같아요. 그땐 잠도 서서 잤대요. 심지어 걸으면서 잤대요. 믿기 힘든 얘기가 또 있더군요. 글쎄, 우주인들도 서서 잠을 잔다지 뭐예요! 이거 정말인가요? 군인도 아니면서 왜 서서 잠을 자요? 우주인들의 다른 생활도 자세히 알려 주세요!

떠다니는똥 님 _ 잠은 잘 모르겠고, 우주인들의 용변 문제는 제가 잘 알아요. 우주 정거장에선 똥을 빨아들이는 변기가 있어요. 총알이 과녁을 맞히듯 아주 잘 조준해 똥을 누지 않으면 똥은 변기로 빨려 들어가지 않고 허공을 떠다니게 된대요.

아빠=우주인? 님 _ 우웩! 그러면 완전 난장판이 되겠는데요! 그럼 오줌은요?

떠다니는똥 님 _ 오줌도 깔때기 같은 도구를 몸에 붙이고 잘 눠야 한대요. 아니면 역시나 떠다니는 오줌 방울을 보게 될 거예요!

아빠=우주인? 님 _ 우주인은 멋져 보이긴 하지만 '극한 직업'이네요! ㅠㅠ

공중부양 님 _ 맞습니다. 우리네 인생에 뭐 쉬운 일이 있겠습니까! 어려울 때일수록 마음을 비우고 몸에 힘을 빼야 합니다. 그럼 우주 정거장이 따로 필요 없습니다. 우리 몸이 둥둥 떠다닐 거니까요.

아빠=우주인? 님 _ 에엥? 무슨 말을 하는 건지 하나도 모르겠어요. 우주 정거장에선 중력이 거의 없어서 몸이 떠다니는 거 아니에요? 혹시 뭐 하는 분이에요?

공중부양 님 _ 마음 수련을 통해 몸을 뜨게 하는 사람입니다. 우주 체험을 하고 싶으면 나한테 돈을 내세요. 자, 계좌번호 알려 줄까요?

*** 공중부양 님, 강제 퇴장되었습니다. 사기죄 의심으로 경찰에 신고했습니다. ***

슬기로운우주생활 님 _ 우주에선 가구나 모든 시설물을 잘 고정시켜야 해요. 중력이 없으니 뭐든 둥둥 떠다니게 될 테니까요. 우리 몸도 마찬가지라서 잘 때는 벽에 설치된 침낭 안에 들어가 몸을 묶고 서서 자야 한답니다.

아빠=우주인? 님 _ 우주인들이 서서 잔다는 말이 진짜였네요! @.@ 불편해서 어떻게 해요!

슬기로운우주생활 님 _ 생각보다 편하대요. 낮은 압력과 중력 덕분에 몸이 구름처럼 가볍게 느껴지니까요. 하지만 소음도 크고, 밤낮도 하루에 여러 번 바뀌고, 씻는 것도 개운하지 않으니, 결코 우주 생활 전체가 편한 건 아니지요!

아빠=우주인? 님 _ 우리 아빠한테 이 얘길 해야겠어요. 군대에서 서서 자 본 경험자로서 우주인에 도전해 보라고요! ^^*

지니의 미스터리 해결

아빠=우주인? 님, 아빠의 추억이 담긴 군대 얘기를 백 번 넘게 잘 들어준다니 아빠를 아주 많이 사랑하는 것 같습니다.^^ 어쨌든 아빠 덕분에 우주인들이 서서 잠을 자는 것도 알게 되었군요! 과연 아빠가 우주인에 도전할 수 있을지도 궁금하네요!

✱ 우주인의 생활이란 우주선과 우주 정거장에서의 생활을 말한답니다. 이곳들은 **아빠=우주인?** 님의 말처럼 중력이 거의

없습니다. 지구에서처럼 우리를 잡아당기는 힘이 없어 모든 물체들이 둥둥 떠다니죠. 그래서 모든 걸 벽에 단단히 고정시켜야 해요.

✱ 잠잘 때 우리 몸이 떠다닌다면 여기저기 부딪혀 잠을 잘 수가 없겠지요? 그래서 우주인들은 벽에 고정된 침낭에 들어가 발, 윗몸, 이마 부위를 벨트로 고정하고 선 채로 잠이 듭니다. 여러 기계 소리 때문에 귀마개도 해야 하고요.

✱ 국제 우주 정거장은 지구를 90분에 한 번씩 돌기 때문에 해가 뜨고 지는 걸 16번이나 볼 수 있답니다. 그래서 밤낮의 개념이 없어서 우주인들은 일정한 시간을 정해 놓고 잠을 자야 한대요. 이럴 때 안대는 큰 도움이 된답니다.

✱ **떠다니는똥** 님의 말처럼, 실제로 누구 것인지 모를 똥이 우주선 안을 떠다닌 적도 있답니다. 이렇게 오물들이 떠다니게 되면 기계가 고장 날 수 있어요. 그래서 우주인들은 따로 배변 훈련도 받는답니다.

✱ 우주에서는 똥을 한곳에 빨아들여 건조해 압축시키고, 지구로 돌아올 때 대기권에서 태워 버리죠. 오줌은 정화시켜 우주인들의 식수나 생활용수로 재활용하고요. 2020년에 만든 우주 화장실은 무게와 크기를 줄인 대신 비용이 269억 원이나 들었대요.

✱ 우주인들은 하루 2시간씩 일주일에 5~6일은 운동을 꼭 해야 해요. 중력이 없는 우주 환경 때문에 몸에서 근육과 칼슘이 빠져나가기 때문이죠. 운동은  주로 러닝머신과 고정 자전거를 탄답니다. 영양제도 꼬박꼬박 먹어야 하고요.

✱ 또한 우주에선 물이 귀하기 때문에 지구에서처럼 샤워를 할 수가 없어요. 특수 샴푸로 머리를 감지만 물로 헹구지 않고 그냥 타월로 닦아 내지요. 또한 먹어도 되는 치약은 뱉지 않고 삼키고, 몸과 얼굴은 주로 물티슈 같은 것으로 닦는답니다.

✱ 우주에선 찍찍이(벨크로)가 아주 많이 사용된대요. 볼펜 같은 자질구레한 물건도 그냥 두면 둥둥 떠다니다가 우주선의 기계들을 고장 내기 때문에 어딘가에 부착하기 위해 필요한 거예요. 우주복의 헬멧에는 가려운 곳을 긁기 위한 찍찍이도 붙어 있답니다!

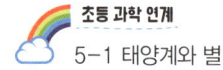

우주선에서 김치도 먹는다고?!

우주에서는 지구에서처럼 뚝배기에 담은 탕이나 찌개 같은 건 먹을 수가 없답니다. 컵에 담긴 주스도, 물도 먹을 수 없고요. 중력이 없어서 그릇에 액체를 담지 못하니까요. 만약 그랬다간 음식이 둥둥 떠다니며 우주선을 오염시킨답니다. 그리고 냉장고 같은 것도 우주에 가져갈 수가 없어요. 우주로 가려면 짐 1킬로그램당 2,000만 원이 든다니 그런 것보다 더 중요한 걸 실어야겠지요?

이쯤 되면 우주에선 먹는 게 참 괴로운 일일 것 같습니다. 처음에 우주 식량은 가루나 얼린 음식, 또는 튜브나 파우치에 담긴 죽 같은 것이었어요. 안 그래도 우주에서는 미각과 후각이 떨어져 입맛이 없어진다는데, 이런 음식들은 영양을 고루 섭취해야 하는 우주인들의 생활을 더욱 힘들게 만들었지요.

하지만 요즘에는 우주 식량 개발이 활발히 이루어져 음식 종류가 300여 종으로 늘어났어요. 우리나라의 김치와 고추장, 된장국도 우주용으로 개발해 우주 식품으로 선정된 적도 있답니다.

그리고 우주에서 신선한 재료를 먹을 날도 멀지 않은 것 같습니다. 국제 우주 정거장에서 2015년에는 상추 재배, 2019년에는 소고기 배양육 실험에 성공했으니까요! 아마도 미래에는 지구에서 음식을 가져가는 게 아니라 우주에서 직접 재배하고 배양한 채소와 고기를 먹게 될 거예요.

미스터리 의뢰자

내꿈은우주인 님

가끔 무중력 상태에서 우주인들이 찍은 사진을 보면 정말 부러워요. 날개가 없어도, 엔진이 없어도 날고 있잖아요. 물속에서 몸을 움직이는 것과 비슷해서 '우주 유영'이라고 하던데, 저는 그걸 꼭 해 보고 싶어서 꿈을 우주인으로 정했답니다. 그런데 우주인이 되려면 공부도 잘하고 몸도 튼튼해야 할 거 같아요. 훈련도 많이 받을 거 같고요. 혹시 우주인들은 어떤 훈련을 받는지 아시나요?

화생방훈련 님 _ 훈련의 꽃은 화학, 생물학, 방사능 무기에 대비하는 화생방 훈련이죠! 이 훈련을 통해 눈물, 콧물 쏙 빼야 진짜 군인이 된답니다. 우주에서도 우주 먼지와 방사능이 위험하다고 들었습니다. 게다가 외계 생명체의 공격에도 대비해야 하죠!

내꿈은우주인 님 _ 그, 그런가요? 화생방 마스크 벗으면 정말 눈물, 콧물 다 쏟던데, 우주복 입고도 그런 훈련을 해야 한다고요?

화생방훈련 님 _ 아! 우주복이 있었죠! 화생방 훈련을 너무 했는지 요즘 들어 정신이 깜박깜박합니다! 쏘리!

무중력훈련 님 _ 우주인이 되려면 꼭 무중력 상태를 체험해 봐야 해요. 우리 몸은 지구 중력에만 길들여져 있어서 우주에선 실수투성이일 거예요. 그래서 우주인들은 무중력 상태의 실내에서 몸을 움직이는 법을 익히고, 우주복을 입은 채 물속에서 유영하는 훈련을 한답니다.

내꿈은우주인 님 _ 그렇군요! 제가 원하는 훈련이에요! 아이, 신나~~!

우주교관 님 _ 정신 차리십시오! 하나는 알고 둘은 모르는 것 같습니다. 무중력 훈련은 꼭 필요한 훈련이지만 다른 많은 훈련도 다 통과해야 합니다. 자, 따라 해 보세요! 하나에 정신! 둘에 통일!

내꿈은우주인 님 _ 엇! 교관님? 우주인들 훈련시키는 그 교관님이세요? 다른 어떤 훈련이 또 있는 건데요?

우주교관 님 _ 자, 따라 합니다! 하나에 중력 가속도 훈련! 둘에 생존 훈련! 셋에 폐쇄 공간 적응 훈련! 넷에 협동, 인내심 훈련! 목소리가 작습니다! 크게 소리칩니다!

내꿈은우주인 님 _ 아니, 저는 지금 훈련받으러 온 게 아니라고요. ㅠㅠ 무서워~~!

다람쥐통 님 _ 우주교관 님, 멀미 적응 훈련 빼먹으셨네요! 놀이공원에 있는 다람쥐통이 멀미 적응하는 덴 아주 제격이죠.

내꿈은우주인 님 _ 헐, 멀미 적응 훈련까지! 우주인이 되겠다는 꿈, 다시 생각해 봐야겠어요! 무서워~~!

지니의 미스터리 해결

내꿈은우주인 님, 벌써 우주인이 되겠다는 꿈을 포기하신 건가요? 뭐, 이해합니다. 우주인이 되는 길은 험난하니까요. 훈련만 10년 넘게 하고 우주에 겨우 나가 봤다는 사람들도 있대요. 하지만 어느 분야든 꿈을 이루려면 보통 10년은 갈고닦아야 하지 않을까요? ^^;;

✻ 솔직히 말해서 우주인이 되는 건 아주 어려운 일이에요. 물리학, 수학, 공학, 생물학 공부를 해야 하고, 기계를 잘 다룰 줄 알아야 해요. 우주 개발에 앞장섰던 두 나라의 언어인 영어, 러시아어로 대화도 할 줄 알아야 하죠. 항공기 조정 면허가 있으면 더 좋고요.

✻ 게다가 키는 150~190센티미터로, 우주선의 크기 때문에 앉은키가 99센티미터 이하여야 합니다. 양쪽 눈 시력은 1.0이상이어야 하고, 심장, 폐, 혈관 등이 건강해야 합니다. 또 체력 검사와 심리 검사도 통과해야 한답니다.

✻ 우주인에 합격해도 적어도 4년 이상의 훈련을 받아야 해요. 무중력 상태의 공간과 물속에서 하는 훈련은 우주에서의 움직임을 원활하게 해 주죠. 또한 우주선이 출발하고 도착할 때 느끼는 엄청난 속도와 힘을 견디기 위해 제트기를 하루에도 수십 번 타며 중력 가속도 훈련을 해야 한답니다.

✱ 그리고 우주선이 떨어지는 곳이 바다나 사막, 정글이 될 수 있기 때문에 이런 극한 지역에서 살아남는 법을 배우기 위해 생존 훈련도 꼭 해야 하지요. 폐쇄 공간 훈련은 우주선, 우주 정거장이란 좁은 공간 안에서 일주일 또는 1년 동안 살아야 하는 우주인들이 마음의 병을 앓지 않게 하는 훈련이에요.

✱ 또한 여러 우주인들이 좁은 공간에서 생활해야 하기 때문에 갈등이나 다툼이 생길 수 있어요. 그래서 이를 해결하기 위해 서로 공감하고, 배려하고, 협동하며 문제를 해결하는 능력을 배워야 합니다.

✱ 그리고 **다람쥐통** 님의 말처럼 멀미 적응 훈련도 해야 해요. 중력이 없는 우주는 위아래의 개념이 없기 때문에 지구 환경에 적응하던 우리의 뇌와 눈이 쉽게 피로해질 수 있답니다. 그러면 멀미가 발생하지요. 이 훈련은 빠르게 도는 회전의자에 앉아 멀미를 참고 버티는 훈련이래요.

✱ 우주인이 되기 위한 길이 정말 험난하고 까다롭다는 게 느껴지죠? 하지만 그만큼 남들이 하지 못하는 일들을 해내는 사람으로서 커다란 자부심을 느낄 수 있을 거예요!

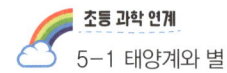
5-1 태양계와 별

우주에선 키가 더 커진다고?!

　네, 맞습니다. 우주에서는 키가 무려 7~8센티미터 커진다고 하네요. 왜 그럴까요? 무언가 우리 몸을 위아래로 길게 잡아당기는 걸까요? 설마요! ^^ 지구에서는 공기가 누르는 힘과 또 아래로 잡아당기는 중력이 있지만, 우주에선 없어요. 그러니 우리 몸이 "나는 자유다!"라고 외치는 겁니다. 그동안 받던 힘의 굴레에서 벗어나 척추부터 팔과 다리의 관절 사이사이가 벌어지게 되지요.

　아마도 키 때문에 서로 우주에 가겠다고 할 어린이들이 많을 것 같군요. 하지만 우주에서는 그만큼 건강을 조심해야 한답니다. 힘과 압력을 받아야만 단단해지는 뼈와 근육이 빠르게 약해지니까요.

　그래서 우주에서는 젊은 사람들도 뼈에서 칼슘이 빠져나가 골다공증에 걸린다고 합니다. 또한 근육도 15퍼센트 정도 감소한다고 해요. 관절도 약해지고요. 그래서 우주인들은 지구에 도착하면 잘 걷지 못한다고 합니다. 우주인들이 왜 우주에서도 열심히 운동해야 하는지 이제 알겠지요?

　또한 끌어당기고 압박하는 힘이 없으니 심장도 약해져 혈액 순환이 잘 되지 않는다고 해요. 그러니 소화도 잘 되지 않겠죠. 하지만 걱정 말아요. 적응 과정을 거치면 다시 원래의 건강한 몸으로 돌아오니까요!

최초의 우주인은 누구예요?

지금 내가 뭘 본 거지?

미스터리 의뢰자

고독한우주인 님

　　때는 2061년, 여기는 달 궤도에 새로 건설한 국제 우주 정거장이다. 함께 온 동료들은 임무를 마치고 모두 지구로 복귀했다. 할 일이 남아 있는 나는 이곳에서 일주일을 더 지내야 한다. 이렇게 우주에 혼자 남게 되니 여러 가지 생각이 든다. 창문 너머로 보이는 우주는 어두컴컴하다. 오직 지구만이 푸른빛으로 선명하다. 최초의 우주인을 생각해 본다. 얼마나 큰 용기가 필요했을까? 얼마나 설렜을까? 얼마나 고독했을까! 그런데 누구지? 그 사람?

이 호기심 어떤가요?　부러워요　감동적이에요　궁금해요　어이없어요

우주귀신? 님 _ 헐, 뭐지? 2061년이면 내 나이가 40대 후반이 되는데, 어떻게 여기에 미스터리 의뢰를 하지? 혹시 지구 귀신보다 더 으스스하다는 우주 귀신입니까??

고독한우주인 님 _ ㅠㅠ 그게 아니라, 지금 <고독한 우주인>이라는 소설을 쓰고 있거든요. 그런데 최초 우주인의 이름이 생각이 안 나서 여기에다가……. 헤헤!

우주귀신? 님 _ 확! 마! 깜짝 놀랐잖아요! @.@;;

가가가아이가? 님 _ 나도 깜짝 놀랐다 아이가! 최초의 우주인이라면 가가 가 아이가? 달에 첫발을 내딛은 가 말이다.

고독한우주인 님 _ 혹시 '가가 가 아이가?'는 '그 사람이 그 사람 아니야?'라는 뜻인가요? 근데 왜 반말하세요? 사투리로 하면 모를 줄 알아요?

가가가아이가? 님 _ 죄송합니더. 하도 버릇이 돼 놔서. 아참, '가가'란 말이 이름에 들어갔던 것 같은데예. 오리 마가린? 아니 우리 가가린? 헷갈리네예~!

인간챗봇 님 _ 여러분, 세계 최초 우주인은 1961년 4월 12일 우주선을 타고 처음으로 지구 궤도를 돈 옛 소련의 '유리 가가린'이란 사람입니다. (난 별걸 다 알아! 부끄~!) 그러고 보니 **고독한우주인** 님의 소설은 유리 가가린이 우주로 나간 해로부터 딱 100년이 되는 때를 배경으로 하고 있군요! 알고 쓰셨나요?

고독한우주인 님 _ 오! **인간챗봇** 님, 반가워요! 아니요. 쓰다 보니 우연히 그렇게 된 거예요. 이제야 생각나네요! 유리 가가 린! 그런데 소련은 어떤 나라예요? 들어본 것도 같은데…….

인간챗봇 님 _ '소비에트 사회주의 공화국 연방'의 줄임 말로 옛 러시아와 우크라이나 등을 포함한 다민족 국가 였는데, 1991년 해체되었어요. (이런 것까지! 부끄~!)

우주동물연합 님 _ 사람만 기억하고 동물은 기억하지 않는 불공평한 세상! 사실 사람보다 동물이 더 먼저 우주에 갔다고요! 우리의 우주견 라이카를 기억해 주세요!

고독한우주인 님 _ 진짜요? 우주견이면 개 말인가요? 그건 정말 몰랐어요!

우주동물연합 님 _ 개뿐만이 아니에요. 쥐, 침팬지, 고양이, 심지어 바퀴벌레까지 우주로 보냈었다고요!

지니의 미스터리 해결

고독한우주인 님, 최초의 우주인을 몰랐으면서 어떻게 최초의 우주인이 한 말을 알고 있나요? 유리 가가린은 지구 궤도를 돌며 이렇게 말했다고 해요. "우주는 매우 검고, 지구는 푸른빛을 띠었습니다. 모든 것이 선명하게 보였습니다." 라고요!

✱ **인간챗봇** 님의 말처럼, 유리 가가린은 1961년 4월 12일 인류 역사상 처음으로 지구 대기권을 벗어나 우주인이 되었답니다. 국제 항공 연맹에 의하면 지상 100킬로미터부터 우주라고 정의하는데, 유리 가가린은 지상 301킬로미터까지 올라가 지구 궤도를 약 2시간 동안 돌았어요. 그의 나이 27세였죠.

✱ 그가 탄 우주선은 보스토크 1호인데, 요즘 우주선과 달리 한 사람이 겨우 탈 정도로 크기가 작았어요. 그런데 가가린의 키가 158센티미터여서 우주선에 타기에 아주 적당했대요. 게다가 가가린은 전투기 조종사였답니다. 작은 키 때문에 조종사가 되지 못할 뻔했다는데, 우주인으로선 적합했던 거죠.

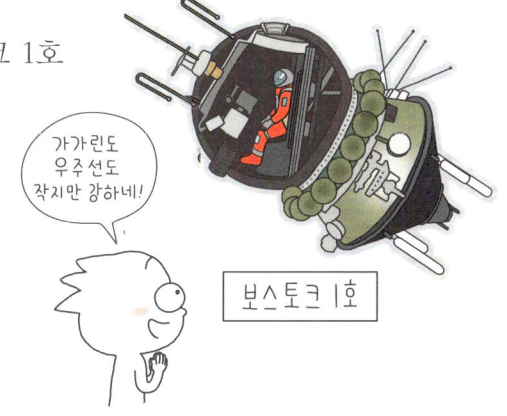

✱ 가가린의 도전은 아주 용감한 사람만이 할 수 있는 일이었어요. 이제껏 아무도 우주로 나가 본 적이 없었지만 그가 목숨을 걸고 도전해 가능성의 문을 활짝 열어 준 거예요. 소련과 경쟁하던 미국은 이 일로 아폴로 달 탐사 계획을 서둘렀다고 해요. 최초의 우주인 타이틀을 빼앗겼으니 달에는 미국인이 먼저 가야 한다고 생각한 거죠.

✷ 그런데 미국이 달에 사람을 보낸 것을 제외하곤 우주 개발에는 소련이 여러 분야에서 앞섰답니다. 소련은 1957년 10월 4일 최초의 인공위성인 스푸트니크 1호를 쏘아 올리는 데 성공했어요. 또한 1959년에는 루나 3호라는 달 탐사선이 달의 뒷면 사진을 처음으로 찍었고요.

〈라이카〉

✷ **우주동물연합** 님의 말처럼, 사람 이전에 우주로 나간 동물들에 대해서 우리는 잘 몰라요. 사람을 보내기에 우주는 너무 위험했기 때문에 동물로 실험을 한 것이죠. 러시아 모스크바의 떠돌이 개였던 라이카는 인공위성 스푸트니크 2호를 타고 최초로 우주로 나간 동물이 되었습니다. 1957년 11월의 일인데, 안타깝게도 발사 후 얼마 안 가 뜨거운 열기와 압력을 견디지 못하고 죽고 말았답니다.

✷ 우주로 나간 동물들 중에는 침팬지도 있었어요. 침팬지 햄은 1961년 머큐리 레드스톤 2호를 타고 우주로 갔는데 다행히 무사히 돌아왔답니다. 그 밖에 여러 동물들이 우주로 보내져 무중력 상태를 연구하는 데 도움을 주었다고 해요. 우리는 그 동물들의 희생도 잊지 말아야 한답니다.

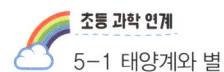
5-1 태양계와 별

우리나라 최초의 우주인은 누구?

최초의 여성 우주인이 누구인지 혹시 아세요? 소련의 '발렌티나 테레슈코바'예요. 테레슈코바는 26세의 평범한 노동자인데, 낙하산을 취미로 타다가 우주인에 지원했답니다. 테레슈코바는 1963년 보스토크 6호를 타고 지구를 48바퀴나 돌았대요.

그런데 우리나라 최초의 우주인도 여성이랍니다. 바로 '이소연'이라는 분이에요. 이소연 씨는 한국과학기술원(KAIST)에서 기계공학을 공부하고, 바이오 및 뇌공학 분야에서 박사 학위를 받았어요. 태권도 공인 3단의 강인한 체력을 가졌고요. 그래서 여러 평가에서 고른 점수를 받아 우주인 선발에 지원한 3만 6,000명을 제치고, 대한민국 최초 우주인으로 선발됐답니다.

마침내 이소연 씨는 2008년 4월 8일 바이코누르 우주 기지에서 소유스 12호를 타고 우주로 나갔어요. 그리고 국제 우주 정거장에 11일간 머물며 과학 실험을 진행했답니다. 이로써 이소연 씨는 세계 475번째 우주인이자 여성으로서는 49번째 우주인이 됐어요. 전 세계 우주인이 100명이라면 아직 여성은 10명뿐일 정도예요. 그래서 대한민국 최초 우주인이 여성이라는 사실이 더욱 뿌듯하게 느껴진답니다.

달에 첫 발자국을 남긴 사람은 누구예요?

"메롱~ 내가 먼저지~"

미스터리 의뢰자

히잉~! 님

어느 날 밖에 눈이 소복이 쌓여 있어서 서둘러 나갔는데 하얀 눈밭에 누군가 먼저 발자국을 남겨 놓았지 뭐예요. 히잉~! 또 어느 날은 저녁에 눈이 오길래 오빠하고 내기를 했어요. 아침에 일어나 발자국을 먼저 남긴 사람의 소원을 들어주기로요. 근데 늦잠을 잤지 뭐예요! 히잉~! 분해서 "달에는 꼭 내가 첫 발자국을 남길 거야!"라고 말했더니 오빠가 "이미 남긴 사람이 있지롱!" 하잖아요. 히잉~! 진짜예요? 도대체 누구예요?

  부러워요   감동적이에요 짜증나요   궁금해요

눈사람 님 _ 어라, 나도 눈 쌓이면 첫 번째로 발자국을 남기는데, 나는 다 성공했어요!

히잉~! 님 _ 우와, 부러워요! 비결이 뭐예요?

눈사람 님 _ 그냥 눈이 쌓일 때까지 밖에서 기다리다가 누군가 나올 때 되면 "이때다!" 하고 첫발을 내딛죠! 단, 내가 눈사람이 될 각오는 하고 기다려야 해요! 감기 걸릴 각오도……. 쿨럭! ㅠㅠ

히잉~! 님 _ 아아, 집념의 **눈사람** 님……!

순수뇌 님 _ 달에 사람이 갔다고요? 발자국도 남겼다고요? 에이, 설마! 그거 토끼 발자국 아니에요? 달에는 토끼가 사니까요!

히잉~! 님 _ 무슨 소릴 하세요. 외계인이면 몰라도 무슨 지구에 사는 토끼가 달에 살아요? 앗, 그러고 보니 외계인 발자국을 사람 발자국으로 오해한 거 아닐까요?

순수뇌 님 _ 달 외계인이 키우는 토끼일 수도 있죠, 뭐~!

히잉~! 님 _ 그렇죠? 아무리 과학이 발달해도 어떻게 사람이 달에 가요~!

음모론자 님 _ 그거 다 꾸며 낸 얘기예요. 사람이 달에 진짜 간 게 아니라 미국 방송국 스튜디오에서 찍은 겁니다!

히잉~! 님 _ 에엥? 음모론자는 또 뭐래요?

**음모론자** 님 _ 어떤 사건을 드러난 대로 믿지 않고 누군가 다른 목적이 있어 꾸민 일이라고 생각하는 사람들을 말해요.

**참교육** 님 _ 여기 우주 탐사 역사에 대해 아무것도 모르는 사람이 많군요. ㅠㅠ 달에 첫 발자국을 남긴 사람은 닐 암스트롱이란 사람이에요. '아폴로 계획'이라는 미국의 달 탐사 계획이 있었는데, 무려 우주선을 17번 쏘아 올렸어요. 그중 암스트롱은 아폴로 11호를 타고 달로 가서 첫발을 내딛은 사람이죠!

히잉~! 님 _ 아아, 진짜로 갔었구나~! 들어본 것도 같고……. ㅠㅠ

**참교육** 님 _ 1969년 당시에 암스트롱이 달에 첫발을 내딛는 장면이 전 세계로 생방송됐다고요. 그때 암스트롱은 이런 말도 했답니다. "이것은 한 사람의 작은 걸음이지만 인류에게는 커다란 도약이다."라고요.

히잉~! 님 _ 오, 그런 멋진 말을 했대요? 그분 시인인가 보다!

지니의 미스터리 해결

첫발!

히잉~! 님, 새하얀 눈밭에 첫발을 내딛는 기쁨, 저도 알지요! 인류가 달에 첫발을 내딛는 장면은 닐 암스트롱 한 개인의 기쁨을 넘어서 전 인류의 벅찬 감동으로 다가왔답니다. 히잉~! 님도 어느 분야에서 당당히 첫발을 내딛는 사람이 되길 바랍니다!

내가 먼저!

✽ 달은 아주 오래전부터 지구와 가장 가깝고 친근한 천체였습니다. 인류가 가 볼만한 첫 번째 천체로 달이 선택되기도 했고요. 미국은 1961년에 '아폴로 계획'을 발표했습니다. 1960년대가 끝나기 전에 인간을 달에 보내겠다는, 몇 년 전까지만 해도 상상도 못할 엄청난 계획을 발표한 거예요.

달 탐사에 왠 태양의 신 **아폴로**?

아폴로

✽ 아폴로 계획 초반에는 우주선의 로켓(새턴 V), 사령선(우주인이 탑승하는 곳), 기계선의 작동과 통신을 시험해야 했어요. 그러던 중 화재 사고로 우주인 3명이 목숨을 잃었고 그들을 기리기 위해 이 시험을 아폴로 1호라 이름 붙였답니다. 이후 다른 시험들을 아폴로 2, 3호라 이름 붙이지는 않았어요.

✽ 얼마 후 나사는 아폴로 4~6호에서 로켓과 달 착륙선(이글호)의 작동이 원활히 이루어지는지를 시험했어요. 이 시험은 우주인 없이 무인(無人)으로 이루어졌답니다. 아폴로 7호부터는 본격적으로 우주

인이 참여하는 유인(有人) 우주 비행이 시작되었어요. 이후 아폴로 8~10호는 우주인들을 태우고 달을 돌며 우주복의 안정성을 실험하고, 달 착륙선을 하강하는 데 성공했답니다.

＊ 마침내 아폴로 11호는 1969년 7월 16일 선장 닐 암스트롱, 사령선 조종사 마이클 콜린스, 달 착륙선 조종사 버즈 올드린을 태우고 달로 향했고, 7월 20일 달에 착륙하는 데 성공했습니다. 암스트롱이 먼저 달의 흙을 밟으며 역사적인 첫발을 디뎠지요. 그리고 두 번째로 내린 버즈 올드린과 함께 21시간 30분 동안 암석과 흙을 채취하고 여러 탐사 장비들을 설치한 후 무사히 지구로 돌아왔답니다.

＊ 달에 인류의 첫 발자국을 남긴 닐 암스트롱은 어려서부터 우주 항공 분야에 관심이 많았어요. 그는 일찍이 비행기 조종사로 우리나라 '6·25 전쟁'에 참여해 죽을 고비도 넘겼대요. 전 세계에 생방송으로 방영된 달 착륙으로 그는 유명 인사가 되었고, 이후 대학에서 학생들을 가르치며 꾸준히 우주 개발에 힘썼답니다.

＊ 이후 1972년 아폴로 17호의 발사를 마지막으로 비용 등 여러 문제로 아폴로 계획은 막을 내렸어요. 그리고 50여 년이 지난 지금까지 달에 간 사람은 없지만, 나사는 다른 나라와 협력해 또다시 유인 달 탐사를 위한 '아르테미스 계획'을 준비하고 있답니다.

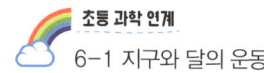
6-1 지구와 달의 운동

달 탐사는 계속된다!

　미국이 1960~1970년대에 진행한 '아폴로 계획'의 아폴로는 그리스 신화의 아폴론으로 제우스의 아들이자 태양, 음악, 활쏘기, 의료, 시의 신입니다. 그런 아폴로의 쌍둥이 누이이며 달의 여신이 아르테미스입니다. 2017년부터 새롭게 준비하고 있는 달 탐사를 '아르테미스 계획'이라고 이름 붙인 이유는 과거 달 탐사와 이어져 있음을 보여 주기 위해서입니다.

　아폴로 계획에서는 달의 기본 탐사와 더불어 무엇보다 인간을 달에 보내는 것 자체가 주요 목표였습니다. 당시 소련과 경쟁하던 미국이 우주 개발에 더 앞서 있음을 전 세계에 보여 주는 것이 중요했던 거죠.

　2017년 시작된 아르테미스 계획은 과거 미국 혼자 진행하던 것과 달리, 미국이 우리나라를 비롯해 유럽, 일본, 호주, 캐나다, 이탈리아, 룩셈부르크, 영국, 아랍에미리트, 우크라이나, 뉴질랜드 등 여러 나라의 도움을 받으며 진행하고 있습니다.

　또 다양한 인종과 여성이 포함된 우주인들로 달 탐사를 계획하고 있고요. 지속적으로 달에 갈 수 있도록 달 궤도를 도는 우주 정거장 '루나 게이트웨이'를 지을 계획도 가지고 있습니다. 그리고 화성을 비롯해 앞으로 하게 될 행성 탐사에 달을 중간 지점으로 적극 이용하려고 한답니다!

미스터리 의뢰자

아빠vs내비게이션 님

우리 아빠는 자동차 내비게이션이 가르쳐 주는 빠른 길을 잘 안 믿어요. "300미터 후 우회전 하세요." 하면 아빠는 "왜 막히는 길을 알려 주는 거야!" 하면서 다른 길로 가시죠. 결과는 내비게이션 승! 아빠가 간 길은 꽉꽉 더 막혀 있어요. 그쯤 되면 엄마가 "다 위성에서 보고 알려 주는 거니까 내비게이션 말을 들어!"라고 말하죠. 엇! 진짜예요? 길도 인공위성이 알려 줘요? 인공위성은 또 어떤 일을 해요?

 신기해요 수상해요 궁금해요  졸려요

미스터리한 댓글 쓰기

별보다인공위성 님 _ 요즘엔 밤하늘에 별이 너무 안 보이니까 인공위성을 별 대신 띄우는 거 아니에요?

아빠vs내비게이션 님 _ 밤하늘 예쁘라고 위성을 띄운다고요? 에이, 설마~! 인공위성을 엄청 많이 쐈다는데 여전히 밤하늘엔 덩그러니 달만 보이던데요. ^^;;

별보다인공위성 님 _ 그, 그러네요. ㅠㅠ 이왕이면 반짝반짝 만들면 좋을 텐데!

달친구 님 _ 지구의 위성은 달 하나잖아요. 혹시 달이 외로울까 봐 친구 삼으라고 인공위성을 쏘는 거 아닐까요?

아빠vs내비게이션 님 _ 헐, 혹시 님 다섯 짤? 달이 외롭다면 차라리 우주선 타고 우리들이 여행을 가면 되죠.

달친구 님 _ 그런가요? 근데 나는 여섯 짤! 헤헤! ^^;;

독도기지국 님 _ 20년 전만 해도 독도처럼 외따로 떨어진 섬이나 깊은 산에 사는 사람들은 텔레비전도 제대로 못 보고 전화도 잘 연결이 되지 않았답니다. 하지만 방송 위성이나 통신 위성과 연결되는 기지국이 설치되고서는 다 해결됐어요!

아빠vs내비게이션 님 _ 오호라! 우리가 전화하고 텔레비전 보고 하는 것도 다 인공위성을 통해야 하나 봐요!

독도기지국 님 _ 맞아요! "♬울릉도 동남쪽 뱃길 따라 이 백 리 외로운 섬 하나 새들의 고향♬" 대한민국 땅 독도에 많이 방문해 주세용~~!

오늘의날씨 님 _ "안녕하세요. 미차클 여러분! 오늘의 날씨 알려 드리겠습니다. 오늘 한낮 기온은 30도에 이르는 때 이른 여름 날씨를 보이겠습니다." 하면서 뉴스 끝 무렵에 방송되는 일기 예보 보신 적 있죠? 그리고 "자, 다음은 위성 사진 보겠습니다." 하면서 우리나라 지도가 한눈에 보이고, 그 위에 태풍이나 구름이 있는 걸 본 적이 있을 거예요. 그게 다 위성이 보낸 사진이에요.

아빠vs내비게이션 님 _ 저도 그런 사진 본 적 있어요! 위성 덕분에 태풍에 대비할 수 있는 거네요!

오늘의날씨 님 _ 맞아요, 그 밖에 정찰 위성, 천문 위성, 과학 위성, 통신 위성 등이 있어요. 인공위성은 우리 일상생활과 떼려야 뗄 수가 없답니다. ^^

지니의 미스터리 해결

아빠vs내비게이션 님, 참 이상하죠? 아빠들은 거의 다 내비게이션을 못 믿더라고요! 인공위성이 보내 주는 위치 정보를 파악해 빠른 길을 알려 주는 장치가 내비게이션인데 말이죠! 이렇듯 인공위성은 지구 궤도를 돌며 여러 정보를 우리에게 보내 준답니다!

✱ 위성은 행성이 끌어당기는 힘을 받아 행성 주위를 벗어나지 못하고 계속 도는 천체를 말해요. **달친구** 님의 말처럼 지구에는 위성이 달 하나죠. '인공(人工)'이란 말은 사람이 만들었다는 뜻입니다. 그러니 인공위성은 사람이 만든 위성이에요.

✱ 원운동을 하는 물체에는 원심력과 구심력이란 힘이 생깁니다. 원심력은 밖으로 튕겨 나가려는 힘이고, 구심력은 원의 중심으로 향하는 힘이죠. 인공위성은 지구 주위를 돌며 원운동을 하는데, 더 먼 우주로 튕겨 나가거나 지구로 떨어지지 않아요. 바로 원심력과 구심력(중력)이 같아지는 속도로 궤도를 돌고 있기 때문이에요.

✱ 인공위성은 대체로 카메라, 통신 장치, 컴퓨터, 배터리, 엔진 등이 장착되어 만들어져요. 그리고 로켓으로 지구 궤도에 쏘아 올리죠. 만든 목적에 따라서 **오늘의날씨** 님의 말처럼, 기상 위성, 정찰 위성, 천문 위성, 항법 위성, 통신 위성 등으로 나뉘어요.

✱ 기상 위성은 지구 표면의 구름 사진을 찍어 전송하는데, 기상청 홈페이지에서 실시간으로 볼 수 있어요. 영상

을 통해 바람(대기)의 흐름과 집중 호우, 태풍의 이동 경로, 안개, 눈, 황사 등을 예측할 수 있지요. 기상 위성은 한곳의 사진을 찍어야 하기 때문에 정지 궤도에 올려져 있어요. 정지 궤도는 위성과 지구의 자전 속도가 같아 위성이 마치 정지해 있는 것처럼 보이는 곳이랍니다.

✱ 정찰 위성은 다른 나라의 무기 등 군사력의 움직임이나 정치·경제적인 움직임을 정밀히 추적해 관찰해요. 그래서 정지 궤도보다 더 아래에 위치해 있습니다. 정찰 위성이 생긴 뒤로 핵무기나 미사일의 이동 등을 미리 파악해 전쟁에 대비할 수 있다고 해요. 천문 위성은 천체를 관찰하고 탐사하는 위성으로 우주 망원경이나 국제 우주 정거장 등이 해당합니다.

✱ 항법 위성은 자동차, 비행기, 배 등의 위치를 파악해 내비게이션 같은 항법 장치를 통해 목적지로 향하는 적당한 길을 찾아 주는 위성입니다. 통신 위성은 **독도기지국** 님의 말처럼 통신 전파를 받아 원하는 곳에 다시 보내는 중계 역할을 해요.

미라클 보너스 상식

우리별, 무궁화, 아리랑, 천리안?!

우리별, 무궁화, 아리랑, 천리안? 아리랑은 민요이고 무궁화는 꽃인 건 알겠는데 나머지는 뭘까요? 바로 모두 우리나라의 인공위성 이름이랍니다. 그중 우리별 1호는 대한민국의 첫 인공위성으로 1992년 8월 11일에 프랑스령 기아나 우주 기지에서 발사되었어요. 두 대의 카메라로 지구를 관측하는 임무를 맡았답니다.

무궁화 1호는 1995년 8월 5일 미국 케이프 커내버럴 기지에서 발사되었어요. 이 위성 덕분에 통신과 방송 전파를 더 넓은 지역으로 보낼 수 있었죠. 1999년 12월 21일에 미국 반덴버그 기지에서 발사된 아리랑 1호는 세계 곳곳을 관측하는 임무를 맡았어요. 2006년 발사된 아리랑 2호에는 높은 해상도의 카메라가 있어 우리나라를 더욱 정밀하게 관측할 수 있게 되었고요.

천리안은 기상, 해양 관측 위성이자 통신 위성으로 2010년 6월 27일 기아나 기지에서 발사됐어요. 천리안을 쏘기 전에는 미국과 일본 등에서 기상 자료를 부탁해야 했는데 이제는 그럴 필요가 없게 되었고 날씨 예측이 더욱 정확해졌대요.

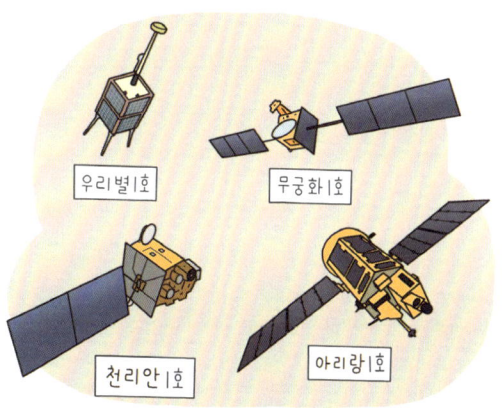

우리나라의 위성 개발 기술은 점점 발전해 2022년에는 달 궤도를 도는 인공위성인 달 탐사선 다누리를 우리나라만의 기술로 만들어 냈답니다.

이제까지 우리나라가 쏜 위성들은 30여 개가 넘고, 이 위성들이 보내 온 영상과 정보들은 다른 나라로 수출도 된다고 해요!

우주에 쓰레기가 넘쳐 난다고요?

으악, 이게 뭐냐옹!

미스터리 의뢰자

깔끔이 님

아니 이게 정말이에요? 지구도 모자라 우주를 쓰레기로 가득 채우고 있다는 게 사실이냐고요? 저는 방바닥에 머리카락만 보여도 바로 치워야 하는 깔끔한 성격이에요. 바다에 가서도 모래사장에 버려진 쓰레기를 줍고 다녔다고요. 그런데 왜 우주로 쓰레기를 쏘아 올리는 거죠? 혹시 우주에 쓰레기 소각장을 만드는 거예요? 누가 설명 좀 해 줘요! 우주 쓰레기를 깔끔하게 치울 때까지 저는 계속 미스터리 의뢰를 남길 거라고요!

이 호기심 어떤가요? 궁금해요 수상해요 겁나요 관심없어요

청소가뭐야? 님 _ 어, 이상하다! 나는 어지럽혀 있을수록 마음이 편안하던데요. 우주는 엄청 넓다는데 쓰레기 좀 버린다고 무슨 일이 일어나겠어요?

깔끔이 님 _ 허걱! 님 같은 분 때문에 제가 고생하는 거라고요! 버리는 사람 따로 있고 치우는 사람 따로 있나요? 지구가 쓰레기로 신음하는 소리를 들어야 해요!

청소가뭐야? 님 _ 어, 지구가 신음을 해요? 왜~~요?

깔끔이 님 _ 허걱! 사람이 가지 못하는 깊은 바다에 비닐 봉투가 가라앉아 있고, 미세 플라스틱이 아주 작은 어류의 몸속에서도 발견이 된다고요! ㅠㅠ 우주도 언젠가 그렇게 될 게 분명해요!

꼬마환경미화원 님 _ **깔끔이** 님 말에 완전 공감해요. 저도 등산할 때나 공원 산책할 때 꼭 쓰레기를 줍는답니다. 우리 집 앞은 제가 다 쓸고 있고요. 그런데 우주 쓰레기는 그런 쓰레기가 아니라 우주로 쏜 발사체들이 망가지고 부서져서 생긴 거라고 들었어요.

깔끔이 님 _ 헐, 정말요? 그거 누가 따로 수거하는 사람이 없는 거예요?

꼬마환경미화원 님 _ 발사체를 쏜 나라들이 알아서 수거해야 하는데, 지금은 그런 국제법도 없을걸요.

난장판1초전 님 _ 우주는 주인이 없으니까 어떤 나라도 우주 쓰레기를 치워야겠다는 책임감을 못 느끼는 거 같아요. 큰일 났어요, 정말~~!

깔끔이 님 _ 으악, 정말 무책임하고, 불결해요! 주인 없는 곳이라고 막 쓰레기 갖다 버리는 얌체들이랑 다를 게 뭐예요!

난장판1초전 님 _ 그동안 로켓 쏴 대며 우주 개발 경쟁만 했지, 청소 경쟁 같은 건 안 한다고요~~!

진공청소기 님 _ 어떻게 방법이 없을까요? 빗자루로 쓸어 담을 수도 없고……. ㅠㅠ 아주 커다란 진공청소기를 만드는 건 어때요? 게다가 우주 쓰레기는 엄청 빠른 속도로 날아다닌대요.

깔끔이 님 _ 진공청소기 님처럼 아이디어를 많이 내면 좀 더 이 문제를 빨리 해결할 수 있을 거예요.

진공청소기 님 _ 아니면 슈퍼맨이 빛의 속도로 날면서 청소해 주면 좋을 텐데……. ^^;;

지니의 미스터리 해결

깔끔이 님의 주변은 정말 깨끗하고 정리가 잘 되어 있을 것 같아요. 맞아요! 지금 우주는 지구인들이 쏘아 올린 로켓의 잔해나 수명이 끝난 인공위성들로 위험한 곳이 돼 가고 있답니다. 왜 이런 안타까운 일이 벌어졌는지 함께 알아보도록 해요!

✳ **꼬마환경미화원** 님의 말처럼 우주 쓰레기는 지구에서 쏘아 올린 기계 장치들, 그것들이 충돌해서 생긴 잔해들, 우주인들이 놓쳐 버린 도구들 등을 말해요. 인류가 최초의 인공위성 스푸트니크호를 쏘아 올린 후로 몇십 년 동안 우주 공간에 방치된, 인간이 만든 쓰레기들이 우리를 다시 위협하고 있답니다.

✳ 우주 쓰레기는 정확히는 지구 궤도를 돌고 있는 쓰레기들을 말해요. 현재 10센티미터가 넘는 우주 쓰레기가 약 3만 개이고, 그보다 작은 것들은 90만 개, 너무 작아서 추적 못 하는 물체들은 1억 개에 달한대요.

✳ 그동안 국가들끼리 서로 우주 개발에 앞서려고 경쟁한 결과랍니다. 인공위성만 해도 약 8,000개 정도가 지구 궤도를 돌고 있는데, 작동되는 것은 3,000개에 못 미친다고 해요. 그리고 지구 대기로 떨어져 타 없어져야 할 로켓 부품들도 여전히 쓰레기가 되어 궤도를 돌고 있답니다.

✱ 우주 쓰레기는 앞으로 10년 안에 10배 이상 증가할 것이라고 해요. 이것들이 우리에게 위협적인 이유는 총알 속도보다 8배나 빠르기 때문입니다. 총알보다 더 강력한 파괴를 일으킬 수 있는 거죠. 실제로 우주 정거장의 우주인들이 위협당하기도 하고, 지구로 떨어진 잔해가 사람들을 위험하게 만들기도 한답니다.

✱ 게다가 지금 사용 중인 항법 위성이나 통신 위성을 우주 쓰레기가 부딪혀 망가뜨리기라도 한다면 우리 사회는 큰 혼란에 빠지게 될 거예요.

✱ 지금까지 쏘아 올린 인공위성의 수는 미국이 6,000여 개, 러시아 1,500여 개, 중국과 영국이 600여 개로 압도적으로 많습니다. 그 밖에 일본, 인도, 프랑스, 독일, 캐나다, 호주, 우리나라도 30~100여 개가 있지요. 위성을 하나라도 쏘아 올린 나라는 80개국이나 돼요. **난장판1 초전** 님의 말처럼 우주에는 따로 주인이 없습니다. 그러니 더욱 이들 나라가 앞장서 협력해 우주 쓰레기 문제를 해결해야 한답니다.

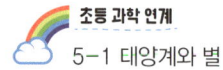

초등 과학 연계
5-1 태양계와 별

우주 쓰레기 청소 위성?!

여러분, 혹시 우주 쓰레기를 전문적으로 청소하는 사람들을 본 적이 있나요? 아마도 우리나라 영화 〈승리호〉에서나 봤지, 실제로 본 사람은 없을 것입니다. 하지만 앞으로 몇 년 안에는 우주 쓰레기를 전문적으로 청소하는 회사와 사람들을 보게 될 거예요.

일본의 '아스트로스케일'이라는 우주 기업은 일찍부터 이 문제를 고민해 왔고, 청소 위성 '엘사 d'를 만들어 일상적으로 쓰일 날을 기다리고 있답니다. 이 기업의 청소 위성은 자석의 힘을 이용해 우주 쓰레기를 모아 지구 대기권에서 불태우는 방식을 실험하고 있어요.

이외에도 여러 나라에서 아이디어를 내고 있습니다. 로봇 팔이나 작살을 이용해 우주 쓰레기를 붙잡기도 하고, 그물을 쳐서 지구 대기권으로 가지고 오는 방식도 있고요. 레이저를 쏴 지구 대기권으로 추락시키는 방법도 있습니다.

또 '무덤 궤도'라는 곳으로 우주 쓰레기를 던져 놓는 방법도 있답니다. 무덤 궤도는 위성이 활동하는 궤도보다 더 높은 곳에 있는데, 임무를 끝내거나 수명이 다한 위성들이 마지막 연료를 이용해 가는 곳이라고 합니다.

하지만 이 일도 쉽지 않아 더 확실하게 우주 쓰레기를 없앨 획기적인 방법이 필요하답니다. 우리 미차클 어린이 여러분이 반짝이는 아이디어를 내 보는 건 어떨까요?

물음표 많은 어린이들을 위한
미스터리 차일드 클럽 04 우주
ⓒ 한정희·유재영 2024

초판1쇄 인쇄 2024년 3월 6일
초판1쇄 발행 2024년 3월 22일

글   한정희
그림 유재영
감수 신성찬

펴낸이 김재룡
펴낸곳 도서출판 슬로래빗

출판등록 2014년 7월 15일 제25100-2014-000043호
주소 (04790) 서울시 성동구 성수일로 99 서울숲AK밸리 1501호
전화 02-6224-6779
팩스 02-6442-0859
e-mail slowrabbitco@naver.com
인스타그램 instagram.com/slowrabbitco

기획 강보경   편집 김가인   디자인 변영은 miyo_b@naver.com

값 13,000원
ISBN 979-11-93910-00-9 73440

- 잘못된 책은 구입하신 곳에서 바꾸어 드립니다.
- 저자와 출판사의 허락 없이 내용의 일부를 인용, 발췌하는 것을 금합니다.
- 슬로래빗은 독자 여러분의 다양하고 참신한 원고를 항상 기다리고 있습니다.
보내실 곳 slowrabbitco@naver.com

KC마크는 이 제품이 공통안전기준에 적합하였음을 의미합니다.	제조사명 슬로래빗	제조국명 대한민국
	전화번호 02-6224-6779	주소 서울시 성동구 성수일로 99 서울숲AK밸리 1501호
	제조년월 발행일에 표기	사용연령 7세 이상